U0904996

汤雄 著

宋庆龄与她的卫士长

Song Qingling

群众出版社

1953年，宋庆龄与靳山旺合影于大连老虎潭

宋庆龄1953年与上海福利会小艺术团的孩子们在一起。后排左一为靳山旺

目　录

序

半个多世纪以来，有关宋庆龄与她身边的卫士长的故事，因其众说纷纭，一直处于一种神秘的状态，并被蒙上了一层传奇色彩。遍搜相关的文史资料，人们也很难从中找到相关的文字记载。随着2004年2月宋庆龄身边最后一任警卫秘书的逝世，尤其是当年曾担任宋庆龄第一任卫士长的靳山旺同志的公开亮相，才使得这一历史谜团浮出水面，成为了人们不可多得的一份珍贵的历史资料，填补了研究宋庆龄生平思想、人格、生活等方面的空白，从而也把一个血肉俱丰的宋庆龄较为完整地呈现在世人面前。

新中国成立之后，有多位卫士长（警卫秘书）担任过宋庆龄的保卫工作，本文记录的是其中在宋庆龄身边作出过重要贡献或给她留下过铭心伤痛的四位卫士长（警卫秘书）与她之间的故事：为什么宋庆龄会意味深长地给她的卫士长起了个“大炮”的昵称(详见2004年人民出版社《宋庆龄书信集·续集》)，并由衷地把他称做“亡命之徒”？为什么忠诚的卫士长要托词离开宋庆龄？晚年的宋庆龄在出访印、缅、巴等国的时候又遇到了什么危险，而她那无比忠诚的卫士长又采取

了什么办法巧妙地保护了宋庆龄？为什么宋庆龄要赌气地宰杀她所心爱的鸽子，并最终动用中央警卫连的武力解除了那个警卫秘书的武装？而这四位卫士长（警卫秘书）的人生最后归宿又是如何……

这一切，都是本文想要破解的机密——一段段真实而不加文饰的史实。

细心的读者可以发现，作者分别用了“卫士长”与“警卫秘书”这样两个称谓，来区别曾担任过宋庆龄警卫工作的保卫人员。在这里，作者认为有必要就此作一说明：卫士长与警卫秘书应该是两个不同职位的概念，卫士长是公安部特派到宋庆龄身边担任保卫工作的带兵的干部，他有调遣指挥守卫在宋庆龄周围警卫军队的权力，长于武装保卫；而警卫秘书则是政府机构（即国家机关事务管理局）调派到宋庆龄身边的保卫干部，长于安全管理。事实也确实如此，随着政权的巩固，卫士长一职逐渐由警卫秘书所替代也是必然的结果。

贯穿这篇文章的主角靳山旺同志，就是宋庆龄身边的第一任也是最后一任卫士长。

他除了出身行伍（毕业于中央公安学院第八系）、1953年曾受国家公安部八局特派之外，在这之前，就已是中央警卫师政保大队分队长了；1958年，他调离宋庆龄身边后，先后受命担任沈钧儒副委员长、刘伯承元帅的警卫与副官；1959年又被调到中央警卫团任周恩来总理的卫队长。所以，称他为宋庆龄的卫士长当是名副其实的。

作者曾以20年时间采访与写就了《宋庆龄与她的三个女佣》（东方出版社2003年9月出版、2004年1月再版），这次又以对历史负责、对后人负责的态度，专程赴西安、北京、上海等地进行采访，走访了至今仍健在的宋庆龄身边的工作人员，并得到了北京宋庆龄基金会研究中心何大章副主任的大力支持，如愿以偿地完成了“在宋庆龄身边”系列写作计划中的第二部《宋庆龄与她的卫士长》的写作。现在，作者惴惴不安地把这部作品呈献到各位读者面前，希望得到各位读者、专家的批评与指正。

第一章 特殊使命

公安部长赋使命，公安部八局局长岳欣暗授机宜，十九岁的中央警卫师政保大队分队长靳三旺将受命执行一项神圣而又重要的任务

“砰砰砰！”地处北京市西城区木樨地培训基地的公安部专设的靶场上传来一阵阵清脆的枪声，一群身着中国人民解放军军装的军人正在进行实弹练习。他们是中央公安学院第八系的学生，其成员都是公安部从全国军队中挑选上来的优秀而年轻的班、排、连干部。中央公安学院的前身是华北公安干部培训班，创办于1948年7月，经历了华北公安干部学校、中央公安干部学校、中央公安学院、中央政法干部学校等几个阶段。彭真同志、罗瑞卿同志曾兼任过校长。1984年1月改建为全日制的中国人民公安大学,后分为西城区木樨地与大兴县团河两个校区。新中国成立以后，如何更有效地保卫国家党政重要领导人的安全、为党和人民的事业培养更多训练有素的安全保卫干部的问题，已摆上公安部的重要议事日程。

1953年11月一个金秋的下午，金黄色的阳光泼洒在一位英姿焕发的年轻军人的身上，他身高一米七左右，魁梧与挺拔的身躯、再加上那张国字脸与浓黑如漆的卧蚕眉，给人一种不怒自威的感觉。此时，他刚打完最后一颗子弹，倒过枪身，轻轻吹去枪管里飘逸出来的青烟，静候靶台方向传来的报靶声。此时，一名战士气喘吁吁地奔到他身边，轻声报告道："靳队长，有电话。"

"哦，等一下。"时任中央警卫师政保大队分队长的靳三旺操着一口浓重的陕北口音一边回答，一边仍目不转睛地等待着靶台方向传来的报数声。不久前的一次汇报表演中，他刚获得中央警卫师颁发的二级射手的称号。但他很不满意，因为他明白自己那天的最佳状态没发挥出来。由于当时中央首长端坐在主席台上观摩，紧张使他至少有两枪打偏了。要不，他完全可以拿下一级射手的证书呢！

靳三旺的自信并非没有道理。1948年，他还只有十五岁，就顶替大哥应征成为陕北神府独立大队的一名战士，并于当年的11月随部队开拔到了神木，12月进入山西的兴县，次年正月随部整编到中国人民解放军第一野战军第六军十七师五十团。在扶眉、西府的战役中，由于靳三旺作战机智、杀敌勇敢，年仅十六岁的他就被任命为班长。1949年5月20日，靳三旺随军从南门进入西安城。西安解放后，他又随军在终南山的牙子口与胡宗南的残余势力打了一场恶仗。胜利返回西安后，他又随军在咸阳的王桥、石桥给马鸿逵的反动军队

以迎头痛击，一直将其追击到甘肃。在这次战斗中，靳三旺光荣负伤，住进了第一野战医院疗伤……1952年，中央要从西北野战军挑选十二名政治觉悟高、作战勇敢、有文化基础的班排连干部到中央公安学院第八系学习，靳三旺有幸被选中。那一年，他才十八岁。

“靳队长，是公安部的电话。”眼见靳三旺还在等候靶台方向的回音，那战士急了，忙在他耳边提醒道。

“嗨！你咋不早说呢？”靳三旺一听是公安部来的电话，就急了，连忙一边收起手枪，一边撒腿就往队部跑。果然，是公安部来的电话。在电话中，公安部人员简洁地向他传达了首长的命令：即刻前往公安部报到。

军令如山倒。靳三旺不敢怠慢，急忙坐上吉普车，风驰电掣地直驶公安部。

时任公安部部长的罗瑞卿与八局局长岳欣，正端坐在部长办公室等候他的到来。来不及寒暄，罗瑞卿便望着眼前的年轻人快人快语地来了个开门见山：“小靳同志，经过组织上研究，决定派你去完成一项重要的任务，我们相信你一定能完成好。过去我们也派过一些人，但都没有完成任务，这次就靠你了。”

听到这里，靳三旺不由一愣，心里顿时紧张了起来，他心想：什么重大的任务，过去别人都完成不了，现在让我去，还说“这次就靠你了”！万一我也完不成任务，那可怎么办？一时间靳三旺不知怎么回答才好，怔在那里没敢说话。

这时，岳欣在一边鼓励道："三旺，这个任务，你能完成的，因为这是组织上经反复研究才决定的。我们相信你有这个能力。"

岳欣局长的鼓励，立即提醒了靳三旺，他明白，这是军令，是不可动摇的军令！作为一个军人，必须无条件接受。所以，他当时就"啪"地一个立正，操着他那天生的大嗓门，洪亮地回答道："是，请首长放心，我保证完成任务。"

"哈哈哈……"罗瑞卿一边笑着，一边站起身，隔着办公桌握住靳三旺的手，"服从命令听指挥，这才像我的兵嘛！去吧，小靳同志，这也是组织上对你的一次考验，希望你珍视它。"

回答的声音是洪亮的，但毕竟底气有些不足，尤其是罗部长的那句"过去也派过一些人"，更使靳三旺心中忐忑不安，直到岳欣局长把他送到吉普车前准备上车时，他再也忍不住了，低声向岳欣打探道："岳局长，我就问一个问题，你能不能告诉我，那些人为什么都完不成任务呢？原因在哪里？"

这句问话，就充分表现出了靳三旺的聪明与机灵之处了。他明白，现在若是问什么任务这样的问题，岳欣局长肯定不会回答他的，要回答，刚才在部长办公室罗部长就会明白无误地告诉他了。所以，他现在趁身边只有一个岳局长，拐个弯，打探人家到底为什么没完成任务。这正是这个小机灵靳三旺的过人之处：只有找到了人家失败的原因，自己才能对

症下药，去完成部长和局长交办的重要任务！同时，也可以由此推测出自己大略要去执行的是一项什么重要的任务。

岳欣见靳三旺这么机灵，便不假思索地低声回答道："这两个家伙没完成任务的原因其实也简单：一个与厨师打了架，居然把人家的胳膊用刀子划伤了；另一个更是荒唐，居然连自己的手枪也没保管好，走了火。人家不被他吓坏才怪呢！"

尽管岳局长没再往下说，但靳三旺已从他的简短回答中大致知道了什么事：那就是自己将被组织上派到一位重要的中央首长的身边担任保卫工作，原先曾在那位中央首长身边工作过的两个人，因缺乏严明的组织纪律性而失败，被撤换了。

又是一个月明星疏的深秋之夜，靳三旺躺在宿舍的床上。此时，万籁俱寂，偌大的首都已进入甜美的梦乡，午夜在外执勤的哨兵都已换岗了，但他还是没有一点睡意，兴奋、猜测与紧张，使他的那双大眼睛瞪得更大了：此去将在哪位中央高级首长身边工作呢，是朱德？是刘伯承？还是周恩来？或者是刘少奇？似乎都不可能。因为他们都是从枪林弹雨中走过来的人，他们绝不会因为一个战士的枪支走火而被"吓坏"。

这两个家伙也太放肆了，怎么一个居然敢与厨师动刀打架，而另一个竟让枪支走了火呢？难道他们连自己的基本职责都忘了吗？一个警卫员的职责，就是万无一失地保证首长

的安全，也只有绝对保证了首长的安全，才是干好了工作，从而才能在政治上得到更大的进步呀！说实话，自打当上班长那天起，靳三旺心底就有了一个目标，那就是一定要在部队中立功受奖，从而一步步前进，最终成为将军，指挥千军万马冲锋陷阵，为生养自己的父母增光添彩。难道他们连这一点的志向都没有吗？

这一夜，靳三旺辗转反侧，那个中央大首长究竟是谁，始终缠绕着他的思绪。

两天后的一个下午，岳欣调来了一辆军用吉普车，与焦万友一起，把靳三旺连同他早就准备好的简单的行李，接出了中央警卫师政保大队，然后从西长安街到东长安街，过建国桥由西向东，沿着一条狭窄曲折、环境嘈杂的小巷行进，一直把靳三旺送到了北京东城区的一座四合院前。趁哨兵验证开门的时候，靳三旺抬头看了一下门牌：方巾巷15号。当年，画家徐悲鸿及其夫人蒋碧薇从日本考察归来时，就曾听从康有为的建议，居住在这条方巾巷里。

大门有警卫站岗，证实了靳三旺原来的推测：里面住着的肯定是位大首长。靳三旺为自己的准确分析而暗暗高兴，不由得悄悄地整了整军容风纪，紧随岳欣局长一前一后走进了院子。

方巾巷15号是一座两层楼的四合院，拾级进得院后，迎面是楼下那个名为“红厅”的会客厅，偏北是一个小饭厅，往右有东西两厢房。红厅里置有壁炉，壁炉两边各置两个柜子。

明眼人一看，就知道这是二三十年代某家富户的住宅。

进入院子，已有一位被岳欣称做卢秘书的年轻女子（卢季卿，宋庆龄1950年至1958年的秘书）笑吟吟迎上来。显然，岳欣与卢秘书很熟，一番握手寒暄后，她便把岳欣与靳三旺领进了正对院门的那个会客厅里。

会客厅正中的沙发上，坐着一位端庄典雅、面目慈善的中年妇女，她嘴唇微抿，面含微笑，向着来人微微点头示意。猛然间，靳三旺觉得这位女士很面熟，似乎在哪里见过，但一时却想不起来是谁。正回忆时，岳欣很有礼貌地向她介绍道："宋副主席，他就是新来的靳三旺同志，经过组织上的考察，决定从现在起派他到您这里来工作。"

原来她就是大名鼎鼎的宋庆龄呀！不等岳欣把话说完，靳三旺便恍然大悟了，然而，随之而来的却是一阵莫名的紧张：看来，我从现在起要在这位尊贵的女士身边工作与生活了，还真有点惴惴不安，不说人家有着令人敬畏的身份了，就说人家那种生于大城市、长于洋世界的生活习惯，就先使自己怵了七八分。如此高贵伟大的人物，叫我这个来自陕北黄土高原的土包子怎么服务呢？按常识理解，一般来说，女同志，尤其是那种生长在大城市、出过洋的贵妇人，对生活是很挑剔的。

怀着无比复杂的心情，靳三旺上前必恭必敬地向宋庆龄行了一个军礼："宋副主席您好。"

"好，好。"宋庆龄目不转睛地打量着面前的俊小伙，不

顾岳欣的示意，两手一撑扶手，从沙发上站了起来，同时向靳三旺伸出了手，“欢迎你来帮助我工作。听说你在部队里表现不错，打仗勇敢，又立过战功，你来帮助我工作我非常高兴。”宋庆龄操着一口明显带着江浙口音的普通话，热情地招呼岳欣与靳三旺坐下，同时让立在一边的保姆钟兴宝沏上了三杯绿茶。靳三旺自参加革命以来，接触的最大的首长，是罗瑞卿部长，自己还是平生头一次如此近距离地面对一位比罗部长级别还要高的中央首长。面对着世界闻名的“国母”、中华人民共和国副主席，靳三旺坐在那里很拘束，他一边借把玩茶杯来掩饰自己的局促，一边用眼角的余光打量着正与岳欣谈笑风生的宋庆龄。

在当时靳三旺的眼里，宋庆龄顶多也就四五十岁，她那红润白皙的皮肤、略显发福的体态与一丝不乱的头发，无一不显示着她对自己的精心保养与呵护。其实，要是靳三旺知道当时的宋庆龄已是整整六十岁的老人的话，说不定他会吃惊得把双眼睁个溜圆！

细心的宋庆龄早就觉察到了身边这个年轻小伙子的尴尬，于是，她笑着示意一边的卢季卿秘书拿来一张纸片和一支钢笔，放到了岳欣的面前。

岳欣马上明白了，当即笑着把笔与纸推到靳三旺面前命令道：“靳三旺同志，这是一份个人简历表，请按规定填写吧。”

靳三旺正愁手脚没处放呢，马上接过笔与纸，伏在茶几

上写了起来。

“姓名：靳三旺，性别：男，出生年月：一九三三年二月，民族：汉，家庭出身：贫农，本人成分：军人，籍贯：陕西府谷……”

靳三旺对这类表格并不陌生，从参军开始直到被挑选进公安学院，他可没少填表，何况是自己最清楚的个人简历呢。所以，他很快地完成了任务。只是他对自己肚皮里的那点墨水是哑子吃馄饨——心中有数，只怕把字写得像蛇游狗爬似的给人家大知识分子看不起，所以他在书写时，右手竟微微地有些颤抖。

“不错不错，你的字写得不错嘛！”哪知宋庆龄接过靳三旺填毕的个人简历只看了一眼，就笑着当场夸奖开了，就这一句话，顿使靳三旺心中感到一阵宽松，一个隐藏在他心中的小秘密，差点使他忍俊不禁了。

岳欣局长起身告辞时，他那握别靳三旺的手上明显使了劲，目光炯炯地似乎要在靳三旺的脸上扎出几个洞：“三旺同志，好好干，可别辜负了组织上对你的信任与期望呀！”

“是！”望着岳局长充满信任与鼓励的双眸，靳三旺用力地点点头，心里却说：我都从战争年代的枪林弹雨中闯过来了，就不信自己干不好这和平年代的保卫工作，岳局长你就放心吧！

目送岳欣他们离开方巾巷，宋庆龄就适时地令钟兴宝领着靳三旺四处走走，先熟悉一下他将要生活工作的地方。

楼上是宋庆龄及1952年3月就到她身边工作的钟兴宝阿姨居住的房间（李燕娥留守在上海的宋家中），正中分别是会客室、小餐厅与书房。小餐厅里摆着一套红木桌椅与一台当时还不多见的冰箱，会客室里摆着一台不知牌子的外国钢琴，钢琴上方还亮着一盏红色的小电灯。钟兴宝告诉靳三旺，说这里阴暗潮湿，主子为防钢琴受潮损坏，除了长年把琴盖打开外，还在上方点亮这盏红电灯，以起到除湿烘干的作用。

"主子？"解放多年了，这个明显代表着主仆关系的称呼已久违了，靳三旺不禁有点愕然，怀疑自己的耳朵是不是听错了，"阿姨你刚才说主子？"

"是呀，夫人不是我们的主子吗？我们家里人可一直这样叫她的，李姐也这样叫她。"面对靳三旺的疑问，钟兴宝直言不讳。

"那、那我以后，也这么称呼她呀？"靳三旺接受不了这样的称谓，心中不由得左右为难。

"嘿嘿。"钟兴宝见状，忍俊不禁地笑了，操着一口苏州普通话解释道，"你是公家的人，你该怎么叫仍怎么叫嘛，宋副主席，刚才你不是叫得蛮好的吗？不过，卢小姐不叫宋副主席，而叫她夫人的。反正，你们都是公家的人，你们自有你们的规矩，我也弄不懂。"

大字不识一个的钟兴宝一边自言自语，一边领着靳三旺

一个房间一个房间地熟悉，可她身后的靳三旺心里却感到不是滋味。

其实，钟阿姨的这声“主子”，连她自己也不明白是什么意思，只是当年跟着李燕娥大姐称呼而已。由于钟兴宝与李燕娥都是宋庆龄以私人的名义雇用的，她俩的月薪也都是宋庆龄从自己的稿费或工资中提出来发放的，所以，在李燕娥的影响下，钟兴宝一到宋庆龄身边，就沿袭着李燕娥大姐的习惯叫法，对内称呼宋庆龄为“主子”、对外称呼宋庆龄为“夫人”。直到1966年“文化大革命”开始前夕，她俩才在宋庆龄的一再纠正下，对内尊称宋庆龄为夫人，对外则一律称呼宋庆龄为“首长”了。遗憾的是钟兴宝阿姨仍不知“首长”是个什么官衔，再加上她的苏州普通话实在糟糕，所以，直到后来她回到苏州老家接受笔者采访时，竟然口口声声地把宋庆龄称为“所长”，以致笔者起初还以为宋庆龄果真担任过什么所长呢。直到笔者不得不向她的儿子请教后，才弄明白。

闲话不多说。1933年2月，靳三旺出生在陕西省府谷县清水乡长沟村一个极为穷困的农民家里。他家兄妹五个，在四个男孩中他是老三。由于家中吃口重，生活特别艰难，在他九岁的时候，就开始给同村的富人赵家做短工，刚齐桌沿高的他就从事着放羊、砍柴、挑水、拉风箱等活计。幸好靳三旺自幼聪明伶俐而又勤快，所以讨得了赵家的欢喜，不但能天天吃饱饭，到年底，还能挣回两斗粮食回家过年。直到1947年，家乡得到解放，他才结束了短工生活，在区政府当

了名通讯员。1948年，解放区动员青年参军。当时靳三旺只有十五岁，年龄不够，应该由他大哥去当兵，但大哥是撑家的顶梁柱，母亲说啥也不让他走，而他的二哥也因故不能去，最后，靳三旺就主动站出来向父母请缨：由他替代哥哥参军。就这样，靳家巧使“狸猫换太子”，把才十五岁的靳三旺送进了军队的大门。

像这样一个深受旧社会三座大山压迫的穷小子，如今要他一下子接受“主子”这种称谓，叫他怎么想得通？

然而，既然组织上把重任放到了自己肩膀上，那么，自己无论如何也得听从组织上的安排，硬着头皮干下去。

晚饭桌上就宋庆龄、钟兴宝、卢季卿与靳三旺四人。一坐下，靳三旺发现自己刚巧坐在宋庆龄正对面。餐桌上仅四菜一汤：烧鱼、豆腐、青菜、春笋与榨菜肉丝汤，主食是米饭。靳三旺没想到堂堂一个国家副主席的伙食，竟如此简单。其实，靳三旺不知道，宋庆龄的日常生活一向简朴，她的一日三餐相当简单：早餐是两片面包、一杯咖啡或一杯红茶，在上海家中时，还让服务员周和康上街为她买大饼油条来吃；午餐吃米饭，两荤一素一汤，因为她喜欢吃鱼，两个荤菜中总有一个是清蒸或红烧鱼；下午是一杯牛奶；晚餐仅小米粥或泡饭一小碗就可以了。当然，有时得空，她也会亲自下厨房烧菜，烹调京葱牛肉、豆腐以及由红菜头、洋葱、茄子、西红柿、青椒组合的素菜等。

此时此刻，坐在宋庆龄对面，靳三旺总时时感到宋庆龄

的目光在瞄着自己，这使他吃得更加拘谨了，举手低头不合适，快吃慢用都不行。由于靳三旺第一次使用公筷，所以到后来简直连夹菜都不知怎么夹了，以致刚吃完一小碗饭，他就推说吃饱了，搁下碗筷就要起身。

“不行不行，像你这样的年轻人，至少要吃三碗才能饱，只有吃饱了，才能干工作嘛！还得吃，还得吃。”这下，宋庆龄实在忍不住了，笑着站起身，并亲自为靳三旺盛了满满一小碗饭。眼看着靳三旺三下两下吃完第二碗，宋庆龄又站起身拿过了他的饭碗，一边盛饭一边笑着补充道：“以后呀，我们天天都要在一起吃饭，你就不要客气了，千万可不敢顾了面皮饿了肚皮呀！”说着，满满一碗饭，就又放到了靳三旺的面前。

宋庆龄这一番亲切而幽默的话语，使靳三旺心底里淌过一股暖流，他感激地望了宋庆龄一眼，觉得此时此刻的宋庆龄是那么的慈祥，刚才滞留在心底的一点疑问渐渐地开始融化了。

就这样，靳三旺开始在宋庆龄身边工作了。

是夜，他一人独住在楼下西厢房。西厢房里有三张行军床，其中两张床头挂有中山装、皮带等，而床底下塞的大号皮鞋则分明是男人们穿的。显然，这是宋庆龄白天介绍的那两个姓隋（学芳）与姓刘（作鸿）的警卫干事的床铺了。于是，靳三旺在另一张空的床铺上展开自己随车带来的被褥，然后习惯地取下腰间那支国产765小手枪，把它塞进枕头底

下，这才一头倒在了床上。这时，白天那个留在他心底的小秘密，现在终于可以使他无所顾忌地笑一笑了：嘻嘻，这个国母大人，居然还夸我的字写得不错呢！自识字以来，这可是头一次有人当着自己的面，夸奖自己的字写得好呢！莫非自己写的字真有那么好吗？要是宋副主席知道自己在三年前还是一个扁担横下不识一字的文盲的话，她还不知要多么惊喜与奇怪呢！

1949年5月，在石桥那场痛击马鸿逵反动军队的战斗中，靳三旺负伤了，住进了第一野战医院疗伤。在住院期间，他认识了一位刘参谋长。这是一位很有文化的英雄，当他知道靳三旺是个文盲的时候，感到十分惋惜："小靳呀，你年纪轻轻却没文化，太可惜了。要知道全国解放后，文化比枪杆子更重要，建设新中国更需要既有理想又有文化的年轻人呀。我愿意在这段时间里，当你的老师，好吗？"

刘参谋长醍醐灌顶式的几句话，使靳三旺既感动又高兴，他当即拜刘参谋长为师，请他教自己识字扫盲。刘参谋长教文化有一套，他采取了先易后难、循序渐进的教学方法，把每个字写在巴掌大的卡片上，令靳三旺放在身边，不时拿出诵读默写，过几天，再换上一批新的……靳三旺自己更是发愤努力，为了记住每个学过的字，他晚上一个人就着月光，以树枝代笔、沙地为纸，在地上练习笔画与书写；就是熄灯上床了，他还不放松，躺在被窝里用手指在肚皮上画写。正应

了那句功夫不负有心人的话，用了不到两个月的时间，天资聪颖的靳三旺竟掌握了1500个汉字的拼写和应用。

靳三旺创造的奇迹，使刘参谋长惊喜不已，直夸靳三旺说："你了不起呀，伤养好了，也扫盲了。你这哪里是养伤呀，简直就是专门扫盲来的呀！"

宋庆龄在方巾巷断断续续住了10年，又于1959年10月搬到北海西河沿8号（清朝年间恭王府的马号，民国初年由乐达仁堂购买，修建成现在的庭院。新中国成立后，曾为蒙古人民共和国驻华大使馆的馆舍。现为北京西城区前海西街18号郭沫若纪念馆）居住，直到1963年周恩来总理受党中央委托，亲自主持在后海北河沿一座已荒废的旧日王府址上辟出一处幽静的花园，为宋庆龄新建了一栋中西合璧的两层寓所后，宋庆龄才接受周总理的一再要求，于当年春天搬出了前海西街18号，迁居到那里。这就是现在位于后海北沿46号的北京宋庆龄故居。这是后话。

初到方巾巷15号的第一夜，靳三旺依然没有睡好，因为窃喜之余，仍有一种难言的遗憾与不满。说实话，自从他被组织上选派进中央公安学院第八系学习那天起，他就发誓一定要以此为自己的人生基点，努力工作、出色表现，等学习期满后，分配到"五大书记"（指毛泽东、朱德、周恩来、刘少奇、陈云）的身边去工作，从而使自己有机会零距离地接近中央重要首长，以便更好地得到首长的指点，从而实现自

己当兵时就曾立下的宏愿：当上一个能指挥千军万马的将军。然而，事与愿违，如今，“五大书记”身边没去成，却被组织上派到了还是非党员的宋庆龄身边。尤其使靳三旺当时暗生焦虑的是，他只怕在此时间呆得一长，“五大书记”身边早就配备了其他卫士长，到那时，只怕自己再想去也只是一相情愿了！

自己来此的主要工作与任务，岳欣局长早已明确：保卫宋庆龄的安全，兼任指挥其身边的工作人员与警卫部队的行动，维护宋宅的日常生活秩序。至多再加上一条，那就是吸取前两任卫士长失败的教训，与身边工作人员搞好团结协作。就这么简单。只要确保宋庆龄的人身安全，不再重蹈前两任卫士长的覆辙，这个任务就算圆满完成了，自己就可以打道回府、接受新的更重要的保卫任务了！现在最使靳三旺烦心的是，他不清楚自己这次所执行的任务有多长时间，一年？或是两年？最长总不会超过三年吧？前两个卫士长加起来一共也没干几年，自己总不见得会比他们长吧？但愿自己尽快结束这次警卫任务，早日回到部队，实现自己的夙愿！

然而，靳三旺把在宋庆龄身边当卫士长与警卫秘书的工作想得太简单了。随着时间的推移，他发现自己所面临的工作还真够繁琐复杂的，他要圆满地完成这次任务还真不容易呢！

因为他做梦也没有想到，来此担任卫士长，光拥有机灵的头脑与敏捷的身手远远不够，还得额外地学会一些他原本

靳山旺、隋学芳（左一）、刘作鸿（右一）合影于北京方巾巷

从来没有接触过的、甚至连听都没听说过的玩意儿！那就是当时被靳三旺视为“资产阶级那一套”的弹奏钢琴、打康乐球、跳交际舞等。

天哪，靳三旺本是一介武夫，二十年来，除了为富人家放羊、砍柴、挑水打短工外，就是当兵、打仗、杀敌人，如今他除了整天面对这些充满“小资情调”的玩意儿之外，还得身体力行去学习、去掌握，这不是赶着鸭子上架又是什么？这与强摁牛头喝水又有什么两样？

第二章　赋号“大炮”

一声“大炮”，二十多年来，一直深深镌刻在宋庆龄的记忆屏幕上。直到1969年，宋庆龄在那封亲笔写给靳三旺的书信中，还直呼“大炮同志”，可见靳三旺在宋庆龄心目中的位置与她赋予靳三旺的这一声“大炮”的昵称中的深层含义了

“欢迎你，战斗英雄。”外出公干的隋学芳回来一见到靳三旺，就热情地迎上前，握住了靳三旺的手。

“你好，你好。”因是同行战友，所以，靳三旺面对眼前这位先来的战友也感到格外亲切。隋学芳也是中等身材，与

靳三旺长得几乎一般高低，四方脸，由于颧骨较高，致使他的下颏部位显得有些尖瘦。一双不大的眼睛，看起人来，似能迸射出尖锐的光芒。而且看得出他当时已有不小的烟瘾了，因为初次见面，他就掏出半盒“中华”香烟，向靳三旺让烟。靳三旺当时还没学会抽烟，所以谢绝了。从此，他们就要朝夕相处、从事一样的工作、执行一样的任务了，再加上他们都有着军人的豪爽与直率，所以，当天他俩就一见如故、俨然老友了。寒暄中，靳三旺得知，隋学芳1928年出生于黑龙江青山县，曾在东北当兵，打的一手好枪，还会开车、摄影与跳交际舞。1950年，他就受国务院机关事务管理局调派，来到宋庆龄身边担任警卫干事，年龄比靳三旺大，军龄也比他长。所以，平时工作，靳三旺随宋庆龄称他为隋干事，私下里却尊称他为“学芳兄”或“隋老哥”。

一段时间下来，靳三旺发现宋庆龄对隋学芳颇为信任，也许是她对靳三旺还并不熟悉，也许隋学芳对在宋身边的工作早已了如指掌，所以无论大事小事，宋庆龄大都指派隋学芳去完成，那带着上海普通话口音的“隋干事”一天总得叫上好几遍。隋学芳也是多才多艺，诸如陪宋庆龄下跳棋、打康乐球、跳交际舞，他都能胜任。这使靳三旺很羡慕。他暗暗下定决心，尽快熟悉和适应这里的一切，因为这是工作的需要，因为他心底还藏着一个只有自己才知道的人生大目标！

很快，靳三旺把身边的隋学芳定为了自己学习的榜样。

但要学习隋学芳，就必须先了解他、熟悉他。知己知彼，

方能百战百胜。这是《孙子兵法》说的，没想到在此可以借来一用。

于是，更深人静，靳三旺暗暗地把自己与隋学芳进行了一番比对：隋学芳打一手好枪法？这是老太太（宋庆龄）曾当着他的面说过的。可是，旁人不清楚，他靳三旺最明白。隋学芳戴着一副度数不浅的近视眼镜，我靳三旺，毕竟拥有一本中央警卫师颁发的“二级射手”的小本本呢。这是我的优势。

隋学芳开车的技术不错，上次随宋庆龄外出，就是隋学芳亲自开的车。当时，靳三旺就坐在副驾驶座位上，看了个一清二楚。但见刹车、油门、离合器，整个儿全身运动，看得靳三旺眼花缭乱。不过，有人说了，开车是熟练工种，只要经常开了，谁都会。以后有朝一日，我一定也能学会开汽车的。

至于跳交际舞、弹钢琴、下棋、摄影之类的小玩意儿，就更不在话下了。好几次，宋庆龄让靳三旺上去试试，学习学习，可靳三旺当时就是因为对这种“资产阶级的一套”看不顺眼，推三托四没答应。想当年自己在野战医院住院，才两个月，就学会了1500个汉字的读写法，难道这些玩意儿比读书认字还难不成？但是，现在靳三旺则必须正视这套“小资情调”的小玩意儿了，而且还不能光把它们当做小玩意儿，而要当做一门技术来学习。

这一比较，总算又把潜埋在靳三旺心底的那股不服输的

犟牛脾气给彻彻底底地吊上来了，他暗暗发誓：一定要拿出当年学习文化的那股精神，拿出当年豁出命来杀敌立功的英勇劲，样样追赶隋干事，事事不服输！这样才能做好工作，取得宋庆龄的信任。

说来也不由得人不服，这个初出茅庐的靳三旺，确有一股子初生牛犊不怕虎的拼命劲，确实比常人聪明机灵与好学，用后来宋庆龄对他的一句评价来说，那就是“吸收新鲜事物快”。没过几个月，当这年元旦过后，宋庆龄有事举家回到上海的时候，这个陕北黄土高原土生土长的靳三旺，在宋庆龄一招一式的指点下，不但很快学会了下跳棋、五子棋与打康乐球，还学会了跳交际舞，不管是“四步头”还是“三步头”，那舞步、那乐感还真像回事呢！

“小靳同志”的称呼，开始不时出现在宋庆龄的嘴边了。

1954年元旦刚过，宋庆龄在上海淮海中路的家中楼梯上滑了一跤，不但扭伤了左半身，还摔裂了一根骨头。医生给她做全面检查时，还发现宋庆龄原本就高的血压更高了。宋庆龄浑身都上了绷带，靠拄拐杖才能在室内走动。这一跤，使宋庆龄整整半年没能出门。为排遣在家中的寂寞，宋庆龄几乎每天都要和靳三旺与隋学芳等一班警卫员，在楼上宽敞的过道里玩上一阵康乐球，在书房里下一通跳棋、五子棋。使宋庆龄感到既惊又喜的是，靳三旺不但棋艺长进惊人，而且康乐球打得又准又猛，抛角线与弹力角计算得很精确，再加上他那天生的大嗓门，每场游戏的气氛，总会被他渲染得格

外热烈。

“我打！”“看我的！”“进！”每轮到靳三旺挥杆时，他总要气沉丹田低吼上那么一嗓子，两只大眼瞪得更圆了，好像他面对的不是几颗木质的棋子，而是国民党反动派马鸿逵、胡宗南之流。一俟棋子如愿以偿、应声入洞，他便像个孩子似的欢天喜地，“哇”的一声情不自禁地大喊更是震耳欲聋，震得一边的宋庆龄哭笑不得，连忙偏过脑袋急用双手捂耳朵。结果，由于忙不迭地腾出手来护耳膜，手中夹着的康乐球棒却应声滑下了地，惹得大家一阵哄笑。

陕北汉子那毫不掩饰的粗犷奔放尽情展现，给一向静谧安宁的宋庆龄家中带来了勃勃的生机。

终于有一次，在靳三旺又一次发出震耳欲聋的吼叫后，宋庆龄笑指着靳三旺说了句：“大炮！侬真是一门大炮呀。”

大炮？来到宋庆龄身边将近半年了，靳三旺已基本能听得懂老太太那口上海宁波话了：她怎么把我叫成大炮了呢？是不是嫌我高喉大嗓惊扰了她？还是婉转地批评我缺乏修养不文明？靳三旺望着宋庆龄一怔，一时不知所措。

心细如发的宋庆龄马上从表里如一的爱将脸上看出了他的紧张与不安，连忙笑着补充道：“大炮好，将来解放台湾，就要靠你这种大炮呢！”

尽管宋庆龄及时作了补充，但粗中有细的靳三旺还是敏感地认为这是老太太在为自己的失言作掩饰。这一天，尽管他们玩得很尽兴，但靳三旺心里总是挂着三个字：不踏实。

晚上回到楼下的宿舍，靳三旺还不安地向隋学芳请教："俺说隋兄呀，今天老太太一声大炮，是不是讨厌我粗声大气不文明？"

隋学芳忙着干别的，头也不回地随口回答道："没错，这可是国家副主席的家，哪有像你这样哇啦哇啦乱叫一通的？老太太一向喜欢清静，你又不是不知道。"

"可是，可是俺实在是一时高兴忘了呀。"自己的猜测得到证实后，靳三旺不由诚惶诚恐又委屈，嗫嚅着不知怎么办才好。

隋学芳的话一点没有错。的确，宋庆龄是个淡泊宁静的老人，随着公务与外交应酬的增多，她尤其需要一个静谧的工作与生活环境。在这一点上，那个从不与宋庆龄同桌用餐的老服务员钟松年，就明显比这班小伙子懂得多。钟松年是个从旧社会过来的人，时年已有五十岁左右，由于他年轻时就生活在方巾巷15号，从事了半辈子的家务杂事工作，对埋设在15号里的水电管道等了如指掌，对侍弄花草、清洁环境更是有一套，所以，宋庆龄一到方巾巷15号，便留下了这位可当靳三旺他们叔辈的老人。事实确也如此，钟松年的忠心耿耿，不但表现在他兢兢业业的工作上，还表现在他的日常举止上。这个五十不到便已开始歇顶的老头子，平时见到宋庆龄或逢有客人来访问，他总能表现出十分的知书达理，迎送间，不但脸上习惯性地堆满了谦卑恭顺的微笑，甚至还弯腰作揖作出恭请的姿势。

宋庆龄为此感到十分满意。

但靳三旺他们这班年轻气盛的小伙子，却对此看不惯，他们怎么也不习惯钟松年这种几近阿谀逢迎的旧礼节。为此，他们常会和钟松年开一些没大没小的玩笑，偶尔见钟松年闲着没事了，他们就会冷不防地吆喝一声“老钟，该擦玻璃窗了”，或是“老钟，庭院里的草都长得比花高了”，等等；把个老钟差得团团转。

然而，他怎么也没有想到，自从宋庆龄给他起了“大炮”的外号后，从此就真的成为了她另外称呼靳三旺的方式。第二天，她和靳三旺单独在书房下跳棋的时候，尽管这天靳三旺吸取了昨天的教训，格外谨慎地约束自己，不再使自己得意忘形地大喊大叫，但宋庆龄却根本没有忘，当靳三旺像以往那样口口声声称她为“副主席”时，她忽然想起了什么似的停下手，神情认真地望着靳三旺说道：“不要这样称呼，侬当卫士长，我当副主席，只是分工的不同啊，阿拉都是同志，还是相互称同志的好。大炮侬讲是哦？”

又是一声“大炮”！但这句“大炮”显然使靳三旺听出了亲切与自然。望着老太太和蔼可亲的微笑，靳三旺意识到宋庆龄后面还有话要对自己说。

果然，宋庆龄干脆不下棋了，她目光闪闪地望着面前的这个面庞圆圆、浓眉大眼、浑身透着一股英气的娃娃兵，动情地打开了回忆的闸门：“侬勿要为我叫侬大炮而不高兴。侬勿晓得，这个外号，一般人还没资格得到呢。侬晓得，当年，

有些民主革命的保守派和改良派，也曾讥称孙中山为‘孙大炮’的。但我却认为这个‘孙大炮’的外号起得好，因为一个革命者，一个全心全意为人民利益奋斗的人，总应该是不知疲倦的，总应该是把未来看做是光明的。而这些人为伊（指孙中山）起这个外号，恰恰说明了伊拉（他们）自家鼠目寸光，缺乏勇气和信心，缺乏对永远要求进步的人民的同情。大炮，侬相信哦？”

靳三旺未置可否，他只是望着老太太双眸中似乎滚动着的泪花，不清楚宋庆龄为什么提到“大炮”两字会这样激动。

“侬不相信，可以去看一篇我写的回忆文章，就是写到伊最亲密的两位同志陆皓东、朱贵全遇难的那一篇。”宋庆龄最后补充道。

一提到陆皓东与朱贵全两个名字，靳三旺就想起来了，自从来到宋庆龄身边后，他已根据宋庆龄的指点，有的放矢地读了一些宋庆龄与其他人写的有关孙中山与辛亥革命的书籍。他知道陆皓东和孙中山是同村人，从小在一起玩耍，后来又一起砸村庙里的神像，再后来就成了政治活动中的同志一起先一同北上给李鸿章上书，后来一同在香港做地下革命工作。广州起事，陆是前线指挥，他成了第一位为革命斗争牺牲的孙中山的密友。每次有战友牺牲，孙中山都坚定一次自己革命的决心，使这些战友的鲜血不致白流。在失败中，他的不屈不挠的性格表现得最为明显，还有他的大无畏精神。所以，把孙中山称之为“孙大炮”，倒是名副其实的。

不等宋庆龄把话说完，靳三旺已恍然大悟，随之而来的是一阵感动与欣喜。他感动的是老太太居然把这样鲜为人知的有关孙中山的轶事都告诉了他，并把孙中山曾有过的外号用到了他的身上；欣喜的是老太太已巧妙地向他表达了她对他的认可，而自己已初步获得了宋庆龄的信任。顿时，这位大大咧咧、粗犷奔放的陕北小伙子的胸膛里，荡漾开了一股温馨的暖流，激动得不知说什么好。

在这一刻，望着面前这位慈祥善良的老太太，他忽然觉得她就像自己的生身母亲一样可亲可敬，他不由暗自下定了决心：无论何时何地，不管山崩地裂，我都要誓死保卫她、忠诚她，惟有这样，才能不辜负她对我的期望。

从此，靳三旺就有了一个与众不同的"大炮"的外号。不过，这个外号只有宋庆龄一个人可以用，因为这是她对手下这位爱将娃娃兵的昵称。事实也如此，整个宋宅上下，尽管谁都知道"大炮"是宋庆龄赠送给靳三旺的昵称，但谁也不敢也不能随意这样称呼靳三旺，就连隋学芳也不敢这样称呼。

这一声饱含着宋庆龄深情的"大炮"，一直深深镌刻在宋庆龄的记忆屏幕上，直到二十多年后的1969年，宋庆龄在那封亲笔写给靳三旺的书信中，还直呼"大炮同志"，可见靳三旺在宋庆龄心目中的位置。

当时，有人认为，也许是靳三旺那陕北汉子的直爽与豪放，给宋庆龄安详平静的生活带来了生机，一扫宋宅内长年几近沉闷的气氛；也许靳三旺的天生一副大嗓门，给平时宋

庆龄细声柔语的生活习惯注入了活力，所以，宋庆龄当时才给他起了这么一个外号的。然而，只要通过对上述一段轶事的揭秘，尤其通过伊斯雷尔·爱泼斯坦所著的那部《宋庆龄——二十世纪的伟大女性》第四章第四回中的记述，人们就不难从中看到宋庆龄赋予靳三旺的这一声“大炮”的昵称中的深层含义了。

其实，宋庆龄还是一个幽默的老人，她常会给一些她所喜爱的或讨厌的人起一个恰如其分、但又不失含蓄风趣的外号，如有位工作人员的服务工作经常难以使她满意，她就私下里给他起了个“都不及格”的外号，把时任捷克斯洛伐克总统名字的谐音，巧妙地“赋予”那位同志。

正应了那句“爱屋及乌”的成语，由于宋庆龄对这门“大炮”的偏爱与喜欢，所以，靳三旺来宋庆龄身边半年多了，他还不知道自己在宋庆龄面前始终在“犯”一种会惹她老人家讨厌的“错误”呢，而老太太也始终对他的这种“错误”予以特别的宽恕与包容。那就是这个“无辣不下饭”的陕北汉子每顿都喜欢食用蒜葱的饮食习惯。

众所周知，宋庆龄一向十分注意个人的公众形象，因为她经常要接待外宾与访客，所以，她从不食用蒜葱之类带有异味的食物。但靳三旺粗心，尽管家中一天三顿的菜肴中从无蒜葱类，但他还是忍不住这方面的饮食嗜好，隔三差五趁外出之机或参加公宴之机，大啖一顿，或者干脆从外面带回几串葱蒜干，挂在宿舍里慢慢享用。这下，他个人惬意了，可

旁人受不了啦。有一次，钟兴宝阿姨实在忍不住，给他来了个纸糊的窗户———一点穿。

“是真的吗？”靳三旺闻言不由疑窦丛生，“那，老太太怎么从来不阻止我、给我说穿呀？”

“你呀你，你怎么就不动脑筋想一想，这家里家外，有哪一个敢吃了大蒜再见夫人的？只有你这个马大哈！”钟兴宝哭笑不得。

靳三旺再次被宋庆龄对他的特别偏爱而深深感动了，内疚与羞愧使他久久地低头沉默无语。这老太太也真是的，你不是都把我当成你的孩子了吗？平时，你对我也是有什么说什么的，惟独这事却为什么始终要忍着呢？

平时，靳三旺有个揪鼻毛的坏习惯，一次，宋庆龄看见了，就当即紧张地指了出来，还举证前不久美国一个朋友叫什么来着，就因为平时喜欢揪鼻毛，结果不知揪坏了哪根血管，硬生生地使鼻腔里发炎滚脓，白白丢失了一条性命。还有一次，靳三旺与隋学芳有事来到宋庆龄的卧室，少不更事的靳三旺哪懂得江南一带的民风习俗呀，居然一屁股坐在了宋庆龄的那张大床上。当下，宋庆龄就叫了起来：“啊呀，这可不敢乱坐的呀，快起来，快起来！”靳三旺被老太太闹了个一头雾水，还怔怔地望着宋庆龄发愣呢。于是，宋庆龄连忙补充说，别人家的床是不能乱坐的，因为外人的裤子上带有细菌，会沾染了洁净的床单与被褥的。当时，面对宋庆龄的这种解释，靳三旺还不以为然，认为宋庆龄太过洁净了，有

点小题大做。因为他知道隔三差五，宋庆龄就要把她的床单被褥换下来，让钟兴宝阿姨去洗晒的。再说，老太太的床上总是蒙着床罩的，纵然外人的裤子上带有细菌，也不至于就此沾染到床上去、侵入到人体中去呀！想必老太太其中另有隐情呢。

这个疑问，后来还是来自江南水乡的钟兴宝给解开的。原来，江浙沪一带旧有习俗：外来男子不但不可以轻易坐到人家女子的床铺上，就连房门也轻易不可踏进呢！想必这位都已年逾六旬的老太太，至今仍恪守着这一套不知哪辈子流传下来的传统呢！

但不管怎么说，这层窗户纸一经兴宝阿姨捅破后，靳三旺在宋庆龄身边工作时，就再也没有碰过蒜葱之类带有异味的食物，而且更加注意自己的个人卫生了，他处处效仿着宋庆龄那文明良好的卫生习惯：洗漱用具不再乱拿乱用了，牙膏也不用那种廉价的了，改用上海日化四厂生产的“宫灯”牌牙粉，就连洗脸用的毛巾，也换上了“钟牌”414或丝光毛巾，冬季来临时，还不忘往裸露在外的脸上手上抹上些蛤蜊油……

大上海之夜是个旋转的万花筒，闪烁的霓虹灯把鳞次栉比的高楼大厦装点得格外美丽，尤其是久负盛名的外滩与黄浦江，一直吸引着靳三旺他们前往一睹芳容。这是一个周末的傍晚，经宋庆龄同意后，他与刘作鸿等人兴高采烈地准备

1954年，靳山旺身穿西装摄于上海外滩

前去外滩观赏夜景。不过，临行前宋庆龄下了个小小的命令：换上全毛西装、系上领带、穿上皮鞋，同时打理好各自的头发，否则，这大上海的夜景就不要去看了。

这事容易，不就是老太太常提醒的仪表仪容吗？不就是脱下中山装换上西装吗？尽管这身为了外事活动而定制的西装穿在身上有些别扭，领带更是勒得呼吸都不自由了，但为了外滩，为了黄浦江，得忍了。

华灯齐放之时，几个装束一新且又时髦的年轻人，已漫步在外滩上。如果说大上海是个不夜城，那么，黄浦江就是束在城市身上的一条裹金镶银的宝带。江中，巨大的远洋轮船与娇小的快艇，在灯光的勾勒下，缓缓地穿梭在江面上，硬是把倒映在江面上的那一片片流金溢彩的灯光，给搅了个粉碎，宛如天上的银河洒落在人间。更有那时起时落的“呜呜”“哞哞”的汽笛声，多像家乡那条老黄牛的欢叫呀！

“小开，看，小开喏！”忽然，有路人向这几位西装革履的年轻人指指戳戳，引得更多的游人向他们注目。什么“小开”？“小开”是什么意思？他们是在说我们吗？靳三旺他们这几个都是来自陕西或山东的外地人，哪知道这句“小开”的含义是褒还是贬，这些上海人对他们究竟是友好还是不友好？然而，不等靳三旺他们嘀咕出个所以然，几个正倚墙而站的妙龄女郎索性手舞足蹈起来，冲着他们尖声地笑开了：“小开小开，小开小开……”

这下，靳三旺忍不住了，他最讨厌的是那些自以为是的

当地人，专门欺侮两眼一抹黑的外乡客，如果她们到了陕北，我们也用当地土话骂她们个一头雾水，看她们心里怎么个滋味！想到这里，靳三旺越发认定那几个妙龄女郎是在嘲弄与讥讽自己了，于是恼恼地一跺脚，冷笑着指着对方来了个反唇相讥："大开，你们是大开，是大开！"

在靳三旺想来，大总比小厉害，还她们一个"大"字肯定比"小"要有力量。哪知道他这几声"大开"刚回敬过去，却招来了对方一阵更加狂野的大笑声："土小开，原来伊拉是土小开呀！哈哈哈……北方来格土小开……"

已与宋庆龄朝夕相处半年余，靳三旺对上海方言已略能听懂一些，这下，他总算听明白对方确实是在嘲笑讥讽他们了，惟独不知这"小开"是什么意思。有心站定再狠狠回击对方几句，却被刘作鸿及时地暗中用力一扯，他这才明白这可不是与人家老百姓论长短的时候和地方。无奈，三十六计走为上策，他只好随着刘作鸿快步离开了外滩。可气的是，都走出老远了，顺着江风，还能听到这几位上海时髦女郎"小开小开"的说笑声。

翌晨，早餐桌上，宋庆龄饶有兴致地问靳三旺："大炮，昨日夜里外滩与黄浦江白相得怎样？"

靳三旺学着宋庆龄的上海话，如实禀报："好白相格，蛮好白相格。这么大的江、这么大的轮船，还有这么高的楼房、这么漂亮的霓虹灯，阿拉还是头一次开眼界呢，只是、只是有些上海人不太礼貌，还是姑娘呢，就骂人，无端地骂我

们……”

“骂你们什么啦？”宋庆龄停止了饮食，静候下文。

“她们骂我们小开。”

“小开？”宋庆龄忍住笑，“那么，你们怎么个态度呢？”

“我也不客气，以牙还牙嘛，骂她们大开，大开！”

“扑哧”！宋庆龄再也忍不住，笑得伏在了餐桌上。好一会儿，她才直起腰，指点着靳三旺笑道，“大炮呀大炮，迭回侬可是放错炮啦！侬晓得啥叫小开吗？小开是个好名词，只有既有钱又懂文明的旧社会的少爷，上海人才叫小开的呀！肯定是你们昨晚那一身西装革履，使得人家误会了，把你们当成小开啦！”

原来是这样！一经宋庆龄点破，靳三旺这才恍然大悟，不由羞愧尴尬地笑了。从此，靳三旺更加用心学习上海话了，他明白，要真正成为一个宋庆龄的忠诚卫士，就必须掌握各方面的知识与本事，只有这样，才能在今后的警卫工作中，真正做到与老太太心领神会，配合默契。

现代文明正在潜移默化地改造着靳三旺这位年轻的山野小子与一介武夫。

当1954年7月底，宋庆龄为出席第一届全国人民代表大会第一次会议，带着全家，冒着酷暑炎夏前往北京时，靳三旺已把上海话学了个八九不离十，能像隋学芳与钟兴宝他们一样，用八九不离十的上海方言与宋庆龄对话了。

由于方巾巷15号里没有空调设备，酷暑盛夏实在难以住人，再加上为了便于参加会议，所以，这次到了北京，宋庆龄就应党中央的一再邀请，住进了北京饭店。这时，台湾海峡彼岸的反共叫嚣之声正烈，媒体不时有蒋介石派遣特务在大陆落网的消息传出，身为宋庆龄身边的卫士长，靳三旺严格执行着保卫制度，除了对宋庆龄每日的生活起居进行严密保卫之外，还对凡是外界传送到宋庆龄身边的一切生活与工作物品都进行着严格的检查，就连上海作家周而复带来的匈牙利礼物（内有布达佩斯碟子与糕饼一只）与被宋庆龄视为“最亲爱的王小姐”的王安娜不时捎来的蛋糕、番茄酱等生活用品也毫不例外。

其实，宋庆龄一向严格遵守着中央的保密纪律，谨慎小心地验收着外界传送给她的任何物品（包括信件），以确保自身的安全与及时收发信息，为此，她还给自己起了一些化名与别名，以便她自己能够准确地鉴别与验收。

例如“苏西”，那恐怕是宋庆龄青年时用过的第一个别名，她在1951年5月12日写给马克斯和格雷斯·格兰尼奇夫妇的信中，还记忆犹新地写道：“在你们的朋友这边，没有音信并不是因为缺乏忠诚和友爱。她（宋庆龄自称）太了解你们了。是的，苏西是这样的，你们对她永远不应该怀疑。”

例如“林泰”，这是宋庆龄在给友人的私人信件中落款署名最多的。“林泰”的含义似乎可以这样理解：“宋”字下部是“木”，树木丛生成“林”；“庆”字作祝贺、幸福、吉祥解；

“龄”指岁数。“泰”字作平安解，如安泰、康泰等，取“庆龄”两字之合意。同时，“林泰”又可作“宋庆龄太太”之意的缩写。

此外，宋庆龄还有一个罕见的别名—马丹。据宋庆龄最后一任警卫秘书杜述周说，1969年10月16日，他跟随宋庆龄从北京头次回到上海淮海中路1843号家中，宋嘱咐他说：“如有来信写孙夫人、孙逸仙夫人、孙中山住宅和马丹名字的信函，都是给我的，林泰你也知道。”并补充说，“马丹是我做地下工作时的别名。”

至于那些近在同城的友人与下属的物品，她就亲自委托忠诚的李燕娥、钟兴宝与司机刘凤山或周和康、张友等她信得过的工作人员直接传送了。

1954年9月，宋庆龄被选为全国人民代表大会常务委员会副委员长。这是新中国成立之后宋庆龄在政治上的又一次进步：在1949年9月的最后10天内，她参加了建立新中国的工作，出席了中国人民政治协商会议第一届全体会议，并当选为主席团常务委员，同时当选为中央人民政府副主席，排名居三名非中共党员（另外两名李济深、张澜）之前。

宋庆龄的政治生命之花愈开愈灿烂，但靳三旺却感到在宋庆龄身边的日子过于安逸与平淡，以致有些乏味平凡之感了。的确，对于一个热血沸腾、青春勃发且又是刚从战场上下来的英雄班长，尤其对于一个胸怀远大抱负的年轻人来说，似乎有一种有力难发的感觉，但当时无论在政治上还是人生

经验上都十分幼稚的靳三旺，怎么可能体会到他那段人生岁月的光荣与辉煌？怎能理解到他斯时斯地所从事着的是一项何等伟大与珍贵的事业？怎能明白宋庆龄在不动声色中所从事的是一项何等伟大的事业？至少，靳三旺这个原本也许永远名不见经传的名字，将永远地与这位二十世纪最伟大的女性的名字紧紧地连在一起了。

遗憾的是，靳三旺当时没有意识到、体会到。

不过，靳三旺的这种焦虑与厌倦的情绪没维持多久，就被随之而来的一段段紧张乃至不失惊险的生活节奏给冲淡了，以致他终于有了施展自己忠勇的余地与立功的机会。

他没有想到的是，正是由于他的忠诚与勇敢，再次获得了宋庆龄赋予他的一个外号——“亡命之徒”。然而，起先他还为此感到不高兴呢，认为这是一个贬义词。

第三章　“亡命之徒”

“勿来事格，勿来事格，我是人，侬也是人；我有一条命，侬也有一条命，而且还是一朵鲜花蓓蕾样的年轻的命，我绝对勿能让侬去做这种事体格。”不等靳三旺把话说完，宋庆龄就连连摇头，坚决不答应靳三旺的这种几近搏命的冒险行为

宋庆龄出发旅顺前与随从们合影，左前一为宋庆龄，左后一为靳山旺

1953年的初冬，位于我国东北的辽宁旅顺、大连等地已是冰天雪地、银妆素裹。12月下旬，宋庆龄、彭德怀元帅率领的中央慰问团，前往旅顺口欢送已完成了五年保卫与建设任务的苏联军队返回自己的国家。临行前，宋庆龄召集靳三旺、隋学芳等警卫人员在方巾巷15号家中开了一个短会。

“这是中苏关系上的一个真正的具有历史意义的事件，同样，也是对整个亚洲和全世界富有意义的事件。”宋庆龄一上来就阐明了这次前往旅顺口的目的与意义，“五年来，苏联忠实和无私地履行了1950年所签订的有历史意义的《中苏友好同盟互助条约》中所确定的义务，同我国共同保障旅顺港口和港务设施的安全、防止日本帝国主义之再起及日本或其他用任何形式在侵略行为上与日本相互勾结的国家之重新侵略。今天，由于远东局势在朝鲜战争结束和印度支那和平恢复之后所起的变化，由于我国国防在一定程度上的增强和现代化，苏联现在要遵照条约的规定，准备把她的部队撤出旅顺口，这是我们两国之间伟大的友谊和兄弟般合作的一个标志。不但如此，她还把她所恢复的和增建的全部设备无偿地移交给我国……所以，我们此行的任务光荣而又艰巨。光荣是我国从来也没有经历过这样的国际关系，因为它无论是行动上和言辞上都贯彻了有利于发展两国经济和文化的互助；艰巨的是世界上还有另外一些人，他们因为我们五年前与苏联签订的这份中苏条约而极端狼狈和激怒。特别是对苏联在我国旅顺口驻军这一点上，他们大放厥词，说什么中国领土被侵犯。

我们应该知道来自这方面的威胁还没有完结，他们没有放弃复活日本军国主义的计划，同时随时搜罗炮灰来远东做进一步的军事冒险，甚至企图用武力霸占我国的领土台湾。”

说到这里，宋庆龄话题一转，笑吟吟地环视着面前的爱将们说道：“正因为如此，我们这次前往旅顺，除了要保持百倍的警惕、防止坏人可能伺机捣乱破坏外，还应该以十分饱满的热情，真诚地欢送劳苦功高的苏联友军胜利返航。大炮，你说说看，我们应该怎么做才能具体体现我们的热情两字呀？”

“这个容易，见到苏联人，我们就笑脸相迎，欢送宴上多喝几杯酒，这方面，隋干事可以打头阵，他酒量好……”

“除了喝酒，还有呢？”宋庆龄努力忍住笑，打断靳三旺的话头。

“还有，还有我想抓紧时间多学几句俄语，例如您好啦、欢迎再来中国啦，等等，到时候与他们多作交流。”

“没有啦？”

“大致就这些吧。”

“大致就这些？我看，第一个大致就是得把你的头发打理打理好，再不能整天乱糟糟的像个喜鹊窝似的了。你看隋干事，他在这方面就比你强，你得好好向他学习，平时多注意自己的仪表仪容。”宋庆龄笑指着靳三旺那堆乱蓬蓬的头发，不客气地一针见血，“这也是我们热情对待客人的一个具体表现，要知道，一个人的衣着服饰与谈吐举止之文明，也是待

1953年，靳山旺（左三）与刘作鸿（右一）、潘厨师（右二）、刘仲明（右三）、马副处长（左一）、韩松涛（左二）合影于北京方巾巷中

人接客的一种心态表现呀。”

“嗤——”在座的人们发出一阵窃笑声。

又是仪表仪容！靳三旺被老太太当着大家的面点名批评，不由得面子有点放不下，一脸尴尬。在老太太身边工作，就怕太讲究，什么衣着打扮要端庄整洁有风度啦，举止言行要高雅得体啦，平时待人接物什么的，更要注意文明适度等。为此，他私下里没少向李燕娥与钟兴宝两位阿姨请教，并从她们嘴中知道了自己原先有些不经意中养成的不好的生活习惯。同时他也知道了宋庆龄在这方面的要求与标准：例如吃饭不能说话谈笑，不能把嘴巴咂出声响来，否则有失教养；又例如偶尔打个喷嚏咳嗽什么的，也得用手帕捂着，不能让带有病菌的唾液到处飞溅；平时看人也不能用眼角眼梢，一定要正视平看，面带微笑有风度，等等。一套又一套的繁文缛节，就像一道道无形的紧箍咒，把从小就无拘无束、跌打滚爬地在农村与战场中长大的靳三旺，束缚得缩手缩脚。说实话，前面几条他都能做到，刚进军队时就练就了站如松、坐如钟、行如风的军人风度，但要自己改掉用眼角看人的习惯，恐怕就不容易了。在中央公安学院学习时，其中主要的一条就是要求当警卫的一定要培养出“眼观六路、耳听八方”的机警性，只有这样，才能百倍警惕地随时应对一切可能突发的事件，才能万无一失地确保首长的安全。而靳三旺平时用眼睛的余光扫瞄周围情况的习惯，便是在那时形成的呀！

今天，老太太再次批评了靳三旺仪表，并上纲上线地摆

到了热情不热情的高度上，这不由得使靳三旺真的不敢小觑了。记得在上海的那半年多时间里，宋庆龄就经常提醒他要注意自己的头发，好几次他随宋庆龄去儿童福利院看孩子前，他都不得不服从老太太的命令，去理发店打理了一下。可是，老太太还不满意，时间不长，居然建议他干脆去理发店烫一下。所以，每次随老太太出门前，靳三旺至少要在自己的外表形象上花费个把小时呢！靳三旺嘴上不说，心里可早就烦上了：要放在部队里，军装一套、军帽一戴，或者干脆理个光头，要多省事有多省事呢！

唉，如今偏偏来到了这个特别讲究礼貌形象的老太太身边，一切都只好入乡随俗啦。

由宋庆龄、彭德怀元帅率领的中央慰问团前往旅顺欢送苏联盟军，随同前往的还有总政歌舞团。火车经过一路长途奔波，代表团终于来到了旅顺港口。当晚，彭大将军举行了盛大的欢送宴会，还由慰问团向盟军做了一场精彩的演出。期间，宋庆龄还代表中央人民政府，即席发表了热情洋溢的讲话。头戴列宁帽、身穿列宁装的老太太精神抖擞，忍着刚开始发作的眼疾与去年12月就发作的坐骨神经痛，发表了演说，尤其是当她动情地说到“现在，当驻旅顺口的苏军准备要离开我们的时候，我们趁这个机会对他们在这里执行任务时所表现的值得效法的榜样表示深切的感谢”时，不但博得了满场苏军官兵热烈的掌声与“乌拉”声，而且靳三旺似乎

看到了老太太眼睛里隐隐闪烁的泪光呢。

宴会上，宋庆龄在逐桌向苏军官兵敬酒时，居然喝的是烈性酒！这使平时不善饮酒的靳三旺既担忧、又敬佩。就从那次随宋庆龄外出起，他心目中的老太太的形象更高大了，他这才清楚地意识到：原来老太太所从事的工作，是多么重要与伟大，从而他也第一次感性地认识到了自己肩头所承载着的担子的重量，她毕竟是代表着我们这个四五亿人口的泱泱大国呀！

靳三旺虽说心底始终不服隋学芳，认为他能做到的自己同样也能够做到，而且会做得比他更加好，但有一点则是他必须承认的，那就是隋学芳的酒量比他大，在那场欢送宴会上，他至少喝下了半斤高度烈性酒。好几次，他还主动地帮助老太太喝了几盅。但靳三旺只是象征性地喝了点酒，一是他本来不会喝酒，二是作为宋庆龄的卫士长，他必须始终保持清醒的头脑，警惕着周边的一切动静。

有关宋庆龄那天忍着病痛还在欢送宴会上饮用烈性酒的事实，可以从当月月底她写给王安娜（A nnaliese Wang，1907～1970，原名安娜·利泽，德国人，历史和语言学博士。1935年和在德国从事革命活动的中国共产党人王炳南结婚；1936年来到中国，曾到过延安，后在上海与宋庆龄结识，先后任中国保盟中央委员与中国福利基金会司库，是宋庆龄的得力助手与亲密朋友）的信中可得到佐证：

“亲爱的安娜：

很遗憾，昨天的活动糟透了，不像是我们原来设想的那种庆祝活动。这一半要归咎于配制不当的‘烈性酒’。要是我们喝的‘烈性酒’配制得当，或者就喝单纯的‘高度酒’，我们一定能够玩得愉快……对啦，这是我昨天答应给你的俄国干酪……”

身为国家副主席，宋庆龄的工作一点也没比以前少，相反，在某种程度上还增加了视察全国各地工农业生产与人民生活现状的任务。旅顺口欢送慰问会一结束，她就根据全国人民代表大会常务委员会的决定，开始了前往各地的视察工作。建国伊始的1951年6月，作为中央人民政府副主席的她曾与林伯渠、朱明、廖梦醒、沈粹缜（邹韬奋夫人）、罗叔章等人一起前往东北三省及新工业基地进行了视察。那时，她的身体状况还不错，在天寒地冻的气候条件下，行程4263公里，巡视了54个不同的地区和工程，她不仅看到了新中国的建设有了一个良好的开端，还对中国共产党、人民群众的力量、社会主义等重大问题都有了许多新的认识。如今，在这仲夏将至、她的坐骨神经痛略有好转之时，她又要抱病前往江南进行视察了。

在这次前往上海、江苏等地视察时，根据宋庆龄的指示，靳三旺脱下了军装，与隋学芳他们一样穿上咔叽布的中山装，下穿普通的布鞋子，显得格外朴素简洁。宋庆龄在临行前的

宋庆龄 1955 年视察江苏松江县联民农业合作社时，靳山旺（中）与当地农村干部合影

短会上关照：这回要去的地方不是工厂便是农村，面对的是劳动人民与基层干部，再穿上外事活动统一定制的毛料西装与中山装，是与他们此行的目的格格不入的。

靳三旺挑了一件比较宽松的中山装，以便自己藏掖那把765手枪，不至于鼓鼓囊囊的惊扰了基层干群。

会后的当天晚餐前，宋庆龄还饶有兴致地把靳三旺叫到楼上办公室，与他下开了五子棋。这一年多来，靳三旺已把宋庆龄所会下的跳棋、五子棋，包括打康乐球什么的都学会了，而且自忖不比老太太差。老太太的棋风虽细腻，但不失优柔寡断，关键时下一子往往要琢磨上半天，与靳三旺那凌厉泼辣的棋风形成了鲜明的对比。然而，老太太的骨子里渗透着一股不服输的劲头，她越是下不过靳三旺，就越是抽着空闲与靳三旺下，大有不大获全胜决不收兵之势。

别看靳三旺貌似粗犷性子急，其实，他是个粗中有细、善解人意的机灵鬼。为了逗老太太一乐，他总是在连赢对方几盘后，故意马失前蹄输上几盘，逗得宋庆龄情不自禁哈哈大笑。说真的，有时候这六十多岁的老人，还真像个天真幼稚的孩童似的，遇到熟人时，喜怒哀乐都写在了脸上。

在公众眼里，无论何时何地，宋庆龄都是一个端庄雍容、典雅高贵的形象，从不喜形于色，但在自己最亲密的朋友面前，她也会尽显个性本色。所以，靳三旺不但喜欢听宋庆龄那种纯真无邪的笑声，更随时随地明白自己身负的使命与责任：豁出命来保卫宋庆龄，让老太太欢乐愉快！当时，靳三

旺误认为只有保卫好老太太了，让老太太高兴了，喜欢自己了，那么，自己的任务就算完成了，就可以班师回朝、向组织上受领更重大的任务了。然而，他没想到的是，恰恰就是他后来的一系列出色的工作表现，反而使得宋庆龄从内心里更欣赏他了，从而轻易不肯放他远走高飞，以致靳三旺后来不得不采取撒谎的绝招，这才如愿以偿地达到目的。这是后话。

他们下的五子棋，利用的是一副围棋。这五子棋看似简单，但真要下好，下到环环相扣、暗藏连锁的地步，还真得下点功夫呢。宋庆龄毕竟年纪大了，视力明显不济，稍一疏忽，就被对方不是摆成了无可救药的“双活三”，便是“东天不亮西天明”的环环通，双方各规定的25颗棋子，没一会儿便被宋庆龄全布在棋盘上了，直下得老太太双眉皱起，嘴巴紧抿，无奈地摇头叹气。到后来，她干脆戴上那副当时轻易不戴的老花眼镜，还在征得靳三旺同意后，燃上了一支“中华”牌香烟。

其实，宋庆龄表面上在与人家下棋，心里还想着几天后外出视察的事。在有一句无一句的闲聊中，不知怎的她忽然冒出了这么一件事：“大炮呀，你要知道，这几年来，老蒋反攻大陆的叫嚣与行动，一天也没有停止过。当年朱老总在延安时，有一个外国记者模样的人，趁给朱老总端茶送水的机会，偷偷地把一些毒药粉投进水杯中。幸亏老总的卫士警惕性高，当场拿掉了这杯茶水，结果你猜怎么样？一化验，这

水中果然有毒呢，而且还是几分钟里就能致人死命的剧毒呢！”

也许言者无意，但听者不但有了心，而且心里还“咯噔”了一下。朱德的这段秘闻，强烈地震撼了靳三旺的心弦，他再次感到了自己肩头担子的重量，以致后来几盘棋走了神，眼看着宋庆龄连胜他几盘，惹得老太太快活得放声大笑。

1955年初夏，宋庆龄分别视察了上海国营第一棉纺厂和公私合营仁德纱厂、江苏省松江专区全国水稻丰产模范陈永康领导的“联民农业生产合作社”和邻近的“联盟农业生产合作社”(陈永康青年时代就开始钻研水稻栽培技术，40年代通过“一穗传”的选种方法，培育出“老来青”晚粳良种，1954年创单季晚粳亩产716.5千克的高产纪录)，还有扬州瘦西湖畔的农业水利工程工地等。鉴于宋庆龄那天下棋时所说的秘闻，这回，靳三旺的神经绷得更紧了，他始终紧随在宋庆龄身边不离左右，密切观察着四周一切动静，就连隋学芳好几次要抢拍一些宋庆龄的照片、示意靳三旺退让几步时，他也没有答应。

其实，靳三旺寸步不离宋庆龄左右还有一个任务，那就是不能让老太太踩空了或磕绊了。如果是那样，则是靳三旺这个卫士长的重大失职了！旁人不知道，但靳三旺他们这班警卫人员清楚得很，长期颠沛艰苦的生活，已使老太太的身体每况愈下：关节炎、坐骨神经痛、荨麻疹、麦粒肿（眼皮里的脓肿发炎）等，在这两年中几乎折磨得她坐卧不安，“关

节炎疼得行路都不便(见《宋庆龄书信集·续编》第338页)”,以致她已暗中请靳三旺为她物色一根一端裹有橡胶皮(不易滑倒)的拐杖了。

每当靳三旺眼看着宋庆龄沿着农村田埂或土路高一脚、低一步地缓慢而又艰难地向前行进时,他真的是看在眼里,急在心中。他多想伸出手去扶上她一把呀,但不能,因为每当这时,总有那么多的照相机与摄影机齐齐地把镜头对着她,他绝对不能让这些照片中出现宋庆龄要人搀扶的画面,这不但是他不愿意看到的,而且也肯定是宋庆龄不愿意看到的。老太太一向把自己的公众形象看做是我们国家的对外形象,她把自己的坚强与整个中华民族的坚强始终紧紧地联系在一起了,她要始终留给公众一个健康乐观、永远年轻的良好形象呢。

这就难为了靳三旺,急中生智,他想出了一个两全其美的好办法。那就是随机应变:他只有趁四周没有摄影镜头的时候,快速地把右手插进老太太的左胳肢窝,恰到好处地搀扶她一下,然后见到镁光灯闪烁的时候,尽快撤回自己的手。

宋庆龄对靳三旺那既善解人意又灵活机动的举止十分满意,没人时,她会转过脸向他报以一个心领神会的微笑。

毋庸讳言,当时刚获新生的中国,农村的一些地方还十分贫穷落后。最让靳三旺提心吊胆的是,宋庆龄每到一处,随意走进路边的农家时,那时候,从四面八方闻讯赶来的农民们,会热情地挤破整座小屋,欢笑声与鼓掌声此起彼伏。当

地农村干部端上来的茶碗或茶杯似乎并不卫生，有的好像还没洗干净。面对这场合，靳三旺脑子里转着的都是朱老总延安历险的一幕，他担心在这国际形势尚不稳定的时局中，有人重演阴谋迫害朱老总的把戏。

说句不夸张的话，当时靳三旺的担心已几近害怕了，偏偏宋庆龄还要努力撤掉堆在自己头顶的那个副主席的光环，消除自己与群众之间那道无形的障碍，极力与广大劳动人民打成一片，一碗大麦茶上来，她居然眉头也不皱地就端起往唇边送。

这可不行！绝对不行！在这种非常的环境中，是绝对不能发生任何“万一”的事故的！有道是养兵千日，用在一时，现在，正是党和人民考验自己的时候了。作为一个1948年入伍的人民领袖的卫士长，就应该把个人生死置之度外，要知道，自己是受党组织重托、前来执行特殊使命的！

又一杯冒着热气的茶水溢着香味放到了宋庆龄的面前。这回，靳三旺已不再心惊肉跳了，因为刚才在赶路途中的轿车上，他已策划出了一条两全其美的妙计：趁宋庆龄还没端起茶水前，抢在她前面，不动声色地查验杯中物！

说时迟，那时快，好一个粗中有细、灵活机敏的卫士长，但见那杯茶刚一端上来，紧傍宋庆龄坐着的他便装做一副马大哈的样子，伸手就端起那杯水，不顾茶水烫嘴，先“咕咚”一下喝了一口。然后，当自己的那杯茶再端上来时，他又紧接着端起来喝了一口。直到两口烫嘴的茶水喝下去，他才装

做刚发现自己喝错了茶杯的样子，“恍然大悟”地把第一杯茶水放到宋庆龄面前。

他这微妙的动作旁人不注意，但宋庆龄立即发现了，当时，她只是奇怪地瞥了一边的卫士长一眼，什么也没说，继续与周围的人们谈笑风生。直到完成当天的视察任务回到住地，她才趁没人的时候请教靳三旺：“我说大炮，侬今朝哪能连着几次喝错了我的茶杯呢？”

靳三旺早料到老太太会这样问自己，连忙实话实说：“没喝错，我是担心有坏人在你的茶杯里下毒呢。”

“下毒？那可是要毒煞人的呀。怎么，侬就不怕死吗？”宋庆龄故意追问道。

“我不怕，我怕个啥？”

“咦？我这就不明白了，都是一样的人，而且侬格年纪又轻，侬哪能就勿怕死了呢？”

“因为，因为……”这下，靳三旺可被宋庆龄问住了，不知该怎么回答才好，他只好再次实话实说，“我才不怕死呢，当年与胡宗南部队血战，子弹呼呼地像蝗虫一样乱飞，我都没怕过死，现在和平年代，我更不怕了。”

在靳三旺气壮山河地回答时，没注意一边的宋庆龄却早已感动得湿润了双眼。她连忙转过脸，借用笑话来掩饰自己：“侬这个人哪，让我哪能说侬呢？要是侬万一真的倒在我的身边了，叫我怎么向侬格家人交待？侬要晓得，侬还年轻，连老婆还没娶呢！哎，想起来了，侬格对象阿是薛家莲花？”

老太太的这几句话，倒是靳三旺事前也想到过的，说实话，谁不怕死呢？难道自己真的就不怕死吗？人的生命只有一次，一旦失去了就再也没有了。在那次西府的战役中，他的几位同年参军的战友，就倒在了阵地上，再也没有了，他们再也不能像我们一样过上当家做主人的好日子了。然而，就是因为想到了他们，自己才不怕死的。是的，与他们、与千千万万为了新中国的今天而长眠不起的英雄相比，自己还该有什么私心杂念吗？

见靳三旺一个劲地摇头表示不怕死，宋庆龄无奈地苦笑着摇了摇头，竖起右手食指点了点靳三旺，叹了一口气："侬呀侬，真是一个亡命之徒。"

亡命之徒？这可是一句不太好听的话，从没上过一天学、读过一本书的靳三旺不由一愣：怎么我赤胆忠心地保护她，这个老太太这么不领情，把我说成是亡命之徒呢？但现在不是与老太太顶嘴的时候，还有大量的保卫任务在等着他呢。他现在必须抓紧时间，与老太太把有些话说明白。

于是，靳三旺把自己接下来的打算向宋庆龄来了个和盘托出。他与宋庆龄"约法三章"：以后，凡是上那些秩序环境混乱、人员拥挤的地方视察，宋庆龄必须注意自己的人身安全，轻易不动用人家送上来的饮食。就是必须动的话，也当由靳三旺先检验，待确认安全无异后，才可上嘴，而且必须过了五分钟后才可以。

"勿来事格，勿来事格，我是人，侬也是人；我有一条命，

侬也有一条命，而且还是一朵鲜花蓓蕾样的年轻的命，我绝对勿能让侬去做这种事体格。”不等靳三旺把话说完，宋庆龄就连连摇头，坚决不答应，并神情严肃地表示，她决不同意靳三旺的这种几近搏命的冒险举止。

“不，你必须答应我，必须！你也不要有顾虑，这是只有我们两人之间才知道的秘密。因为这样做不但是为了您的个人安全，而且是为了国家、为了人民呀。再说，万一真要出了啥事，我这辈子也就完了。上级撤我的职还是轻的呢，闹不好关进牢房吃官司也说不定。”靳三旺就是靳三旺，心直口快，把心里想说的话，毫无保留地全部倒了出来。

“这样做，还是不太好呀，若是被群众发现了，人家会怎么想？我们给人民留下的是个什么印象呢？”宋庆龄缓缓摇着头，神情严肃地表示疑虑。

“鬼都不晓得呢！”靳三旺见老太太松动了，不由开心地咧开大嘴笑了，“刚才，不是神不知鬼不觉的就过去了？就算被人家看见了，也至多是我二二乎乎（陕西方言：稀里糊涂、简单愚蠢的意思）地拿错了杯碗嘛！”

“侬呀侬，侬叫我哪能说侬呢？”宋庆龄嗔爱地望着卫士长，无可奈何地直摇头……

就这样，在靳三旺与宋庆龄之间，达成了这样一个默契，并从此直到靳三旺离开宋庆龄，这个默契也没有改变过，连后来宋庆龄出访印度、缅甸、巴基斯坦等国时也不例外。

宋庆龄视察江南的工作，在靳三旺等人的忠诚保卫下，一

切顺利，她的调查研究也特别细致深入。同时，从她那篇在第一届全国人民代表大会第二次全体会议上的发言中不难看出，当时江南农村的政治情况确实比较复杂，反革命破坏并非不可能发生：

“今春农村粮食供应在某些地方一度发生紧张，富农和反革命分子乘机起哄，企图造成混乱……”

1955年是宋庆龄外事活动比较繁忙的一年，从这年的12月中旬起到翌年的1月份，她相继出访了印度、缅甸、巴基斯坦等国家，其中还因身体的原因，在云南逗留了两个星期。但就这两个星期的休整期间，她也没有闲着，连续视察了晋宁县、阿拉乡、云南纸烟厂等十个地方。宋庆龄克服了年老多病的纠缠，以饱满的革命热情为新中国的成长踏遍祖国各地，调查研究、献言献策，同时也以她那强烈的事业心，有力地影响了靳三旺等这些在她身边长期贴身警卫的年轻人。

然而，人们的内心世界是复杂的，人们的争强好胜心也是客观存在的，尤其是靳三旺与隋学芳这两位正值早晨八九点钟的太阳一般的年轻小伙子。为了争取更大的进步，因工作竞争而产生的误会，无可回避地在靳三旺与隋学芳这一对好兄弟之间发生了。

宋庆龄应邀访问印度，是她由来已久的夙愿。

早在20世纪50年代初，宋庆龄就以中央人民政府副主席

的身份，出席了印度在新中国的第一批文化活动。1951年5月，她寄词祝贺加尔各答和孟买两地的印中友好协会成立；1954年10月19日，已成为印度总理的尼赫鲁到达北京，对中国进行正式访问，宋庆龄同周恩来到机场迎接。在毛泽东主席举行国宴招待尼赫鲁时，她陪同毛泽东在门口迎候，事后还邀请尼赫鲁和他的女儿英迪拉到她家中共进午餐。

党中央批准宋庆龄出访印度等国的决定刚一下达，靳三旺接到了公安部办公室打给他的电话，要他即刻前往公安部听候命令。靳三旺奉命以最快的速度赶到公安部时，罗瑞卿部长与岳欣局长已等候在那里了。

“少尉同志，你来了！请坐，快请坐呀。”罗瑞卿一如既往那样风趣与幽默，笑容可掬的神情里，却隐隐透露出几分严肃。

“嘻嘻。”靳三旺本能地整一整军服，国字脸上露出了腼腆的微笑：想不到罗瑞卿部长这样细心，连自己前几个月授衔也知道。

那天，靳三旺被中央警卫师一个电话召去，光荣地接受了由该师主持的、以彭德怀元帅的名义举行的授衔仪式，一下子从一个普通的分队长，晋升为少尉军官。当时，他笑得一张嘴就像庙宇里的木鱼似的，怎么也合不拢了。自从当兵参军那一天起，尤其是自从他十九岁就被任命为分队长后，他心底那种争取尽快进步、当上将军的想法更强烈了。如今，自己二十刚出头，这想法就开始逐步地如愿以偿了，向着自

靳山旺受衔之后的留影

已预定的目标发展了，他怎能不喜不自禁、心花怒放呢？更令他没想到的是，当他穿着一身戎装雄赳赳地回到方巾巷时，楼下的小餐厅里，已摆开了一桌丰盛的宴席，餐桌上除了有平时不多见的大鱼大肉外，还有几瓶殷红剔透的红葡萄酒！原来，宋庆龄早已知道了这个好消息，竟亲自指挥着办事老练的“两口钟”（指钟松年与钟兴宝），置办了庆功宴，要为她家中第一次有人荣授军衔而庆贺呢！所以，见到靳三旺意气风发地一回家，宋庆龄就满面喜悦地迎上前，招呼全体人员围坐下来，下令潘厨师开了席。

“各位，今天是靳三旺同志的喜庆之日，刚才，他已前去警卫师参加了授衔仪式，现在开始，不，应该说从刚才他佩戴上这枚少尉军衔开始，他就是中国人民解放军的一名少尉军官了。这是党和人民对靳三旺同志努力工作的回报，更是我家从来没有过的一件喜事，我家终于出了一位中国人民解放军的军官了。为此，我建议大家一起举起杯，为靳三旺同志的进步而干杯！”

这可真是喜上加喜的喜庆事，中央警卫师向自己授衔已是喜出望外了，现在，身为人大副委员长的宋庆龄又亲自置办与主持了这顿庆贺晚餐，这更是喜上加喜的大喜事呀！当时，靳三旺激动得视线都模糊了。平心而论，二十一年来，还从没有人如此郑重其事地高抬他、看重他。靳三旺握着酒杯的手颤抖了，一仰脖，喝下了满满一杯酒。

这顿庆功宴，除却大门外站岗的警卫战士，宋庆龄身边

的工作人员都出席了，就连钟松年也没例外，把一张老脸笑成了一朵深秋的菊花样，围在靳三旺身边，好听的话说了一箩筐。

靳三旺清楚地记得，当时，他的月薪是部队里发的，一月70多元。授予少尉军衔后，一下子加到了92.6元。这对家有老人、还没成家娶媳妇的他来说，太需要了。

席尽人散，靳三旺红着脸、搓着双手来到宋庆龄面前致谢，一声“今晚这顿宴席共花了多少钱”还没问出来，善解人意的老太太就似乎看出了他的心思，轻声说道：“少尉同志，侬放心，今朝侬授衔升官，我掏钱请客。”

“别别……”

“别跟我客气了，侬晓得？我今天特别高兴，因为侬在我的身边进步了呀。要放别人呀，或许人家办了酒席用八抬大轿抬我去，我也懒得动身呢！大炮呀，好好干，前途无量呀！”

“是！宋副主席！”靳三旺再也没话可说了，他把对宋庆龄所有的爱戴与敬仰，全放在那个标准的军礼上了。是的，还有什么话才能表示此时此刻靳三旺心中的那片感激之情呢？一切的感谢都放到今后的实际行动中去吧，只有更出色地工作，才是对老太太的回报。

“靳三旺同志，党中央决定，从本月底起到下个月，宋庆龄副委员长将率领中华人民共和国高级代表团，对印度等国

进行访问。这可是她自建国以来的第一次外事访问。有关你前一段在宋副委员长身边的工作表现，组织上都已清楚，希望你再接再厉、反骄破满，切实做好宋副委员长在出国期间的一切安全保卫工作。现在我代表公安部向你指示。”靳三旺正沉浸在授衔那天的喜悦的回忆之中，罗瑞卿部长的大嗓门使他情不自禁地来了一个立正，“在宋庆龄出访期间，你要保证做到以下三点：一是你要百倍警惕，绝对保证宋副委员长的安全；二是你要时刻想到自己代表着中华人民共和国，一切行动听从宋副委员长的指挥；三是你要主动维护宋副委员长的形象暨我们国家的形象，严防国际上一切敌特分子的破坏与捣乱……”

罗瑞卿部长与岳欣局长接见靳三旺并下达指示之后第三天，即宋庆龄一行即将出发的前夜，靳三旺又接到了岳欣局长的指示，前往北京饭店。使靳三旺惊喜交加的是，当时除了罗瑞卿部长在场外，敬爱的周恩来总理也来了。周恩来总理专门为宋庆龄出访四国之事接见了他们，并作了重要指示。不过，周总理的神情与语气都没有罗部长那么严肃，他微笑着握了握靳三旺的手，不无风趣地说道：“听说你是宋副委员长，不，应该是整个中央警卫师中年纪最轻的一位卫士长，是吗？”当他从靳三旺口中得到证实后，周恩来总理不由连连点头，向靳三旺伸了伸大拇指，“了不起，小小年纪，就已为中国革命建功立业了。不过，小靳呀，我还得以一个长辈的身份吩咐你几句，你要知道，这回，可是宋副委员长第一次

出国访问，而且是单独率团，工作很艰巨，任务很重大呀。你可一定要竭尽全力地配合她，协助她。我相信，你小靳是会全节而归的……”

就在这次接见中，罗瑞卿部长向靳三旺明确了他这次随同出国时的特定身份——宋庆龄的私人侍从。根据国外一些规定，在国家元首级的外事访问时，是不能够带任何军人出访的。由于靳三旺的真实身份是中国人民解放军军官，所以，他必须入乡随俗，服从组织的安排，以宋庆龄副委员长的私人随从的身份，出现在外国朋友的面前，而且还必须严守秘密……

关于这个规矩，宋庆龄自也心明如镜，所以，尽管每到一处她总要先把贴身站着的这个英武的小伙子介绍给对方，但她却每次总能做到既不暴露靳三旺的真实身份、又巧妙地向对方暗示靳三旺还是一个拥有高超的警卫武艺的高级侍从。这一点对宋庆龄来说很重要，因为这样巧妙的介绍，会对可能混杂在外国朋友中间的极少数别有用心的坏蛋起到一定的震慑作用，从而使他们不敢轻举妄动。

“这是靳三旺，一个年轻的小伙子。他可是部队里打仗勇敢的一个英雄呀，神枪手，现在，他是我的侍从……”每到一处,宋庆龄总是第一个把靳三旺介绍给对方。

在决定对印度等国进行国事访问之前，宋庆龄的身体已明显发胖，对此她曾在1955年4月25日致格雷斯·格兰尼奇

（纽约人，是宋庆龄抗战前在上海办《中国呼声》时的老同事）的信中有所提及："我得准备一大堆服装……我非常讨厌，因为我对穿着已经毫无兴趣。过去五年里我一直穿制服，身体已全方位地膨胀起来……想到要穿'紧身衣'，真让我吓坏了！我真希望我能就这样穿着制服去！"

在这里提到这个细节，主要是说明当时宋庆龄出访印度时所带的行囊，将是多么庞大与沉重，这对作为对宋庆龄这次出访负全部安全责任的靳三旺是一场艰巨的考验，也为后来靳三旺与隋学芳之间那个误会的产生作了铺垫。

1955年11月底，宋庆龄在出国前夕到昆明视察，于12月16日乘坐号称"空中霸王"的超音速飞机离开昆明，前往印度访问。初冬的西南边陲西风凛冽、寒意逼人，但随着脚下印度新德里市的渐渐临近，机舱里却暖意融融。

"大炮，侬了解印度？"宋庆龄一边望着舷窗下面渐渐放大的印度国土，一边兴奋地向身边的靳三旺提出问题。

"我哪能会勿晓得。"紧邻宋庆龄而坐的靳三旺用一口夹生的上海话回答道，"印度人的歌唱得好，舞跳得更加好。印度舞全世界闻名。去年，印度歌舞团到北京演出，我不是陪侬一起去观摩的吗？"

"唔。不错。还有呢？"

"还有？还有尼赫鲁总理嘛。这个皮肤比我还黑的半老爷子，去年这个时候到北京来访问，当时，侬和总理还一道去

机场迎接他，后来，侬还邀请他和他的女儿英迪拉一起到方巾巷家中吃中饭呢。”

宋庆龄笑了，露出了一口好看的牙齿，“如果我没记错，尼赫鲁总理应该是去年10月19日来访的，当时，伊刚当选为印度总理不久。其实，伊这次来访，还是我当年约伊的呢，这一约，就是整十年。十年前，我同尼赫鲁曾共同表示希望在两国获得自由后见面的。”说到这里，宋庆龄这才发现自己的话题走偏了，“咦，大炮，我勿是问侬了解印度吗？侬哪能只讲了一部分？还有？”

“没了。我讲只晓得这点点。”

“侬呀！”宋庆龄笑着朝靳三旺摇了摇头。

靳三旺以为老太太又要批评他平时时事政治学习不用心，没想到她却来了个不问自答。宋庆龄神往地望着舷窗外翻卷而过的云层，絮叨道：“印度是世界上人口最多的国家之一，仅次于我们中国。我们两国的关系，不仅仅因为我们是一山之隔的近邻，而是有着一定的历史渊源的。历史上，我们两国很早就开始通商了，不断交流经济和文化。别的不讲了，就讲全国各地各种大小庙宇里供奉的阿弥陀佛，只要侬留心看，就可以看出这些菩萨身上的穿着，都明显地带着印度服装的特征……”

宋庆龄尽量用最浅显的语言向身边这个从来没读过一天书的卫士长介绍着印度，见靳三旺听得津津有味，突然将了靳三旺一军：“喂，我再问侬，侬晓得啥叫‘潘查希拉’？”

“潘查……希拉？”靳三旺确实从来没听过这个名词，一时愣怔在那里。

然而，没等靳三旺冥思苦想找出答案，“空中霸王”已开始徐徐降落了，靳三旺跳了起来，开始做下机前的准备工作。由于这次出国访问将长达两个月左右，所以带了很多行李，光是宋庆龄一人的大衣外套生活用品等，就装了满满的几皮箱。前面也已经提及，由于近几年宋庆龄的身体“全方位膨胀起来”，她还带上了几套宽大的列宁装以备用。

机身因气流的增强而开始了着地前的颤抖，这时，靳三旺看见舷窗下的机场两边，已站满了前来欢迎的印度群众，鲜花与彩旗汇成了一片五彩缤纷的欢乐的海洋。

靳三旺本能地顺手摸了摸紧贴在左胸西装内衣口袋里的那把为这次出访、公安部特意配发的娇小玲珑的美式微型手枪，职业的本能使他顿时警觉百倍。而西装右边的内口袋里，塞有几份宋庆龄亲自写了几天的文稿。由于所有箱包中都塞满了生活与工作的日常用品，靳三旺惟恐这几份最最重要的文件丢失了，所以，他把它们与手枪一起，放在贴身处了。

看来，什么是“潘查希拉”得以后再问老太太了。靳三旺不无遗憾地想道。

下午16时45分，飞机平稳地降落在新德里机场上。

印度对这位中华人民共和国全国人民代表大会常务委员会副委员长的光临倾注了极大的热情，在尼赫鲁的带领下，代表着印度人最隆重的礼节的鲜花环，已连着有几个套在了

宋庆龄的颈项上，以致一边的靳三旺有点担心老太太承受不起这重量。更使靳三旺感到容光焕发的是，欢迎的人群中爆发出一阵阵“金大巴—金大巴—”的欢呼声。靳三旺刚才没下机前已听到这种他听不懂的印度话了，当时，宋庆龄已气吹如兰地告诉他，这是印度话“万岁”的意思。而这“万岁”一词，在靳三旺的印象中，向来是与毛主席、共产党、中华人民共和国连在一起使用的，没想到现在无比热情的印度人，竟把这个神圣祝愿的词语送给了宋庆龄！

当天，印度首都新德里的报纸在头版刊登了宋庆龄访问印度的消息，发表了欢迎评论，并刊登了宋庆龄的小传和照片。

卫士长情不自禁地望了一边同样容光焕发的宋庆龄一眼，内心里涌上一阵骄傲与自豪……

第四章　讲稿风波

想到这里，靳山旺心底的怨气就再也憋不住，“呼”一下亮出手中捏着的讲稿，随手往桌上一扔，然后就冲着宋庆龄放了一“炮”：“干啥？你说你带我出来干啥的？”吼完，血气方刚的他竟猛地一转身，头也不回地扬长而去，也不管身后的宋庆龄怎么个想法

是夜，宋庆龄一行下榻于印度首都新德里官邸。

安排布置好当晚的警戒保卫工作后，靳三旺踩着松软的地毯，步入官邸。在走过亮着灯光的宋庆龄卧室时，忽然，他听到里面传来一个熟悉的声音。

“没找到……我连那个药箱也翻遍了，仍没找到……哼，摆架子呢，他居然连您的讲稿也不愿拿……”

隋学芳？是隋学芳的声音。谁在摆架子了？还有，谁连讲稿也不愿带了？他这是在说谁呢？天，这不是在说我吗？顿时，靳三旺如雷击顶，愣怔在那里。旋即，一股委屈的潮水汹涌而起，打湿了他的双眼。

毋庸讳言，临行前夜，靳三旺确实对带那么多的行囊略有微词，并曾当着隋学芳的面说过行李带得太多了的话。当时，隋学芳也确实提醒过他：“再多也得带，一件都不能少，到时，也许老太太都要派上用场的。”但是，扪心自问，他当时说这些话，也确实是有口无心呀。因已是寒冬，外交部为他们这次出行，还每人定制配发了一件皮大衣，光这件毛皮大衣，就已占据半只大皮箱了呢。靳三旺所抱怨的行李多，就是指这人手一件的皮大衣。如果不是冬季外出，他们就可轻车简从，少带不少东西了。

可就算自己的抱怨是不对的，但也与“摆架子”三字沾不上边呀！我靳三旺凭什么在尊敬的老太太面前摆架子？何况，自己在临行前，还得到了周总理与罗瑞卿部长等领导的特别指示呢，我摆架子岂不是摆给自己看，拿自己开玩笑吗？

靳三旺定神一想，隋学芳对自己的误会也应该是有由头的：自从自己来到宋庆龄身边后，宋庆龄就一直十分看重自己，把自己当成她的孩子一样关爱着。不说老太太总是亲切地称呼自己为“大炮”了，也不说宋庆龄那天特意破费为自己设宴庆贺授衔了，就说前不久宋庆龄亲自为他改名那事吧。

那天，当靳三旺与隋学芳趴在桌上填写《出国人员审查鉴定表》时，一边的老太太忽然提议道：“三旺，你这个三旺的名字有点意义，但其中那个一二三的三字却不怎么妥帖，如果改为山旺就更好了。”

当时，靳三旺被“三”与“山”两字的谐音搞糊涂了，就向宋庆龄请教。宋庆龄见靳三旺还不明白，就特意用笔在一边的纸上画写着，一边解释道：“改成大山的山，这含义就更好了。你想，山的生命有多长，山上长年绿树青坡、鸟语花香的，永远旺盛着。改成山旺这个名字，意义就比原来更大了。”

“是呀！”老太太毕竟出过洋、留过学，当过孙中山的秘书，她的学问就是高。靳三旺一旦听明白，不由高兴得拍案叫绝，当即表示马上改，现在就改。

见靳三旺同意接受她的建议改名字了，宋庆龄高兴得笑了，她当即拿过一张纸，就用手中那支红绿双色的彩色笔，在上面写下这样几个字：

“山旺同志纪念

宋庆龄”

山旺同志纪念

宋庆龄为靳山旺亲笔改名纪念

然后，宋庆龄把纸推到靳三旺面前，不无风趣地笑道："过去测字先生给人家起名字，也得这样写下字据的。今天，这几个字就算我给你改名的证据吧。"

老太太的几句话，说得靳三旺与隋学芳都哈哈大笑了起来。

回想到这里，靳山旺心头的迷雾终于渐渐地散去了。

以往外出访问，靳山旺与隋学芳两人总是安排在紧邻宋庆龄卧室的一个房间里的，这回在印度同样也不例外。平时，两人安排好所有的工作回到房间休息前，总还要有说有笑地谈上一些心里话，可是，今天由于靳山旺心里不高兴，所以他一回到房间就上了床，就连后来隋学芳走进房间来到他床前招呼他，想向他转达宋庆龄刚才的吩咐，让他去她房间里当面落实讲稿的下落，他也仍蒙头假寐没答理。

也许，隋学芳也隐隐地意识到是否自己刚才的汇报，已被靳山旺听到了，所以，他故意赌气不理睬自己。要知道，他俩平时可是无话不谈的好弟兄呀！就连上次上海有人给隋学芳介绍了一个对象的事，他也毫无保留地告诉了靳山旺，征求这位小了自己五岁的小阿弟的意见。靳山旺曾见过那姑娘，认为她有点"二二乎乎"，所以，心直口快的他也当面如实向隋学芳说了。至于靳山旺老家有人为他介绍了一个叫薛莲花的姑娘的事情，靳山旺也同样从头至尾告诉了他。但转念一想，隋学芳很快排除了自己的这个猜测，他认为靳山旺一定

是忙碌了一天太疲劳了，已经睡熟了，所以，当时他就没再打扰他，连刚才宋庆龄关照他转言请靳山旺去一趟她的房间的事也忘了，一个人悄悄地爬到床上休息了。

不过，强烈的事业心又使隋学芳实在难以入睡，他的心为宋庆龄的那几份讲稿究竟带没带出来一事还悬着呢，以致他上床好半天了，还倚在那里边抽香烟边回忆。要知道，这几份讲稿非同小可，它们不但凝聚了老太太几个不眠之夜的心血，更重要的是在整个出访印度期间，它们还要派大用场，它们代表着中国与印度两国的友好关系呢！万一它们真的没有被带出来，那祸可真闯大了！

昨天上午，到达印度后，隋学芳在往各个房间安顿各人的行李时，就特别注意了那几份讲稿。他记得临出发前，靳山旺整理行李时，那几份讲稿就放在一边的茶几上，之后，他就再也没有见到它们了。为此，到了新德里后，他第一个就留心了这件事。然而，遗憾的是，他翻遍了宋庆龄的随身物品，连药箱也兜了个底朝天，仍没找到相关的片言只字。这下，他真的着急了。

一夜无话。

却说第二天天刚露出鱼肚白，靳山旺因为心里有事，所以就早早起了床。他先像以往那样去楼下花园里练了趟拳脚，然后再回到房间里洗漱。这时，隋学芳也起床了，隋学芳向靳山旺打了个招呼，可他因为昨晚告状的事心里还有气呢，只当没听见。隋学芳讨了个没趣，只好一个人下楼锻炼去了。

1955年，靳山旺与隋学芳（左1）合影于北京方巾巷

这时，靳山旺已洗漱完毕，他刚才听到隔壁房间似乎有响动，估计宋庆龄已经起床了。于是，他从西装内口袋中抽出那几份讲稿，前往隔壁面交老太太。

“滋滋滋——”靳山旺按响了宋庆龄卧室的房门电铃，紧接着按规定先报山门：“宋副主席，我是靳山旺，现在我可以进来吗？”

“请进。”里面传来了宋庆龄的声音。

然而，靳山旺怎么也没有想到的是，今天老太太的脾气特别大，他刚踏进房间还没站稳，就劈头挨了宋庆龄的一声喝问：

“我带你来干啥的？”

连话音都变成了严肃的上海普通话。

靳山旺像被人兜胸猛推了一掌似的愣在那里。他清楚，老太太一旦用这样的上海普通话对别人说话，那一定是她面对着严肃认真的事情。而她以前可是一向与自己说上海话的呀，因为她就喜欢听靳山旺那种半生不熟、滑稽兮兮的陕北上海话，尤其一个“白相”的“白”字，靳山旺每次总会把它念成“拔相”的。

其实，也别怪宋庆龄今天的神情格外严肃与认真，因为她从昨晚开始，也一直牵肠挂肚地惦念着那几份特别重要的讲稿呢。更使她老人家生气的是，她昨晚托隋学芳带口信，让靳山旺去她房间一趟，问问讲稿的真实下落，而靳山旺却始终没出现！这让她几乎半夜没好好安睡。

愣怔片刻，靳山旺立即领会了宋庆龄这声喝问是什么意思了，她肯定是为了那几份讲稿的事，认为靳山旺当真忘在北京了，没带到印度来，所以怒不可遏，给他来了个当头棒喝。

然而，宋庆龄的这声喝问，就像往火上添了一勺油，这下可把憋闷在靳山旺心底的那股怨气给彻底吊上来了。靳山旺当时是这么想的：你老太太怎么就那么相信人家的话呢？怎么就那么不相信我靳山旺呢？难道我靳山旺真是那种乱摆架子乱搭谱的浅薄人吗？我跟你好坏已有两年多了，你难道到现在还不知道我是怎么样的一个人吗？

想到这里，靳山旺心底的怨气就再也憋不住，“呼”一下亮出手中捏着的讲稿，随手往桌上一扔，然后就冲着宋庆龄放了一“炮”：“干啥？你说你带我出来干啥的？”吼完，血气方刚的他竟猛地一转身，头也不回地扬长而去，也不管身后的宋庆龄怎么个想法……

这一天的工作量真不小。首先，印度总统普拉沙德博士会见了宋庆龄，接着，宋庆龄一行出席了尼赫鲁举行的欢迎招待会，傍晚回到官邸，只来得及换了一件外套，就又参加了印度副总统拉德哈克里希南举行的欢迎宴会。宋庆龄以她惊人的毅力，克服了多种疾病的纠缠，始终保持着她那端庄典雅的迷人风度，拿着讲稿站在宴会厅前，发表了热情洋溢的演讲：

“尊敬的副总统阁下，女士们，先生们：

“我应印度政府和尼赫鲁总理阁下的邀请，昨天到新德里来访问我们的伟大的邻邦——印度。我受到了印度政府和人民非常热烈的欢迎。今天晚上阁下设宴招待，并且使我有机会同许多方面的朋友会见。对这一切，我感到荣幸并且表示感谢。

“当我长期怀抱的访问印度的愿望终于实现的时候，特别是在我们大家都感到骄傲的世界历史的这个划时代的时期中实现，我不能不深深感动……

“中国人民永远不会忘记我们的印度朋友在中国领土台湾地区的紧张局势问题上，以及在恢复中国在联合国的合法权利问题上所采取的支持中国的立场。我们对印度人民的支持表示感谢。我们可以向印度人民保证，在他们的保卫印度领土和主权完整的斗争中，他们永远可以指望中国人民的衷心支持。我们两个国家都在努力摆脱我们的经济落后状态，所以，我们在经济领域内的合作是具有重大意义的。

“在过去的几年中，我们的文化交流也有了增加。我们的更密切的合作和互助，毫无疑问地不仅将有利于我们自己的国家，而且也将有助于保证亚洲和世界的和平和进步……”

望着台上宋庆龄发表演讲的一幕，站在台下的靳山旺心里涌过一股深深的愧疚之情，他开始有点痛恨自己那总也改变不了的大炮脾气了，后悔不该早晨这样不冷静，居然把肚皮里的冤屈撒到了他所敬爱的宋庆龄身上。

18日下午，宋庆龄出席了新德里市政委员会主席鲁·纳·阿加瓦尔主持的在红堡举行的盛大欢迎大会。

在欢迎大会上，尼赫鲁在讲话中对宋庆龄作了高度评价：

“你是作为伟大国家的伟大领导人到这里来的，如果我可以冒昧地这样说，你在我们的心目中甚至超过了那个程度，在我们和其他许多人的心目中，你是怎样一个人呢？在过去三十年左右，我们听到关于你的事，我们读到关于你的消息，我们一直在设法注意你所说的话以及所做的事和你所不做的事。

“在中国革命的整个暴风雨的时期中，产生了许多有名人物，但是不论在中国掀起什么样的风暴，在这些漫长的年代中你的形象屹立着，自信沉着，意志坚定，从不动摇……因此，你不仅坚如磐石，而且给予我国人民以光明。同时，我确信，还给予许多其他国家的人民以光明。因此，我们不是表面上敬爱你，而是从心灵深处敬爱你……”

尼赫鲁的欢迎词道出了印度人民的心声。的确，宋庆龄以她的光辉的过去，赢得了世界广大人民从心灵深处对她的敬爱。

宋庆龄在答词中也热情洋溢地说道：

“访问印度这个伟大国家一直是我个人多年的愿望”，“我的访问印度的愿望象征着我国人民对于印度人民的崇高的敬意”。她称赞：“印度民族是伟大的民族，印度人民是很好的人民”。

在谈到印度国民特别关注的远东问题时，宋庆龄明确表示：

“中国支持召开远东会议，以便由有关国家协商解决缓和远东紧张局势”。她还代表中国政府提出了“缔结亚洲和太平洋地区的集体和平公约”的主张。

宋庆龄讲完话后，几千双手鼓起的雷鸣般的掌声和几千张嘴同喊出的“中印人民友好万岁”、“和平万岁”的欢呼声，震撼着这座宏伟的宫殿，“金大巴——金大巴——”(万岁)的欢呼声久久地在宫殿里回旋震荡。

12月21日，宋庆龄一行乘机前往亚格拉参观被誉为“印度的珍珠”和世界七大奇景之一的泰姬陵。

宋庆龄一向仰慕印度古老的文明与灿烂的文化。

参观访问中，隋学芳担任了摄影师的角色，靳山旺则寸步不离地保护宋庆龄。在紧张而又繁忙的工作中，他俩配合默契，确保了整个保卫工作万无一失。但细心的人们却不难发现，他俩之间的话明显比以往少了。

泰姬原名倍琴，生于1592年，十九岁时和古兰姆太子结婚，后来太子登基成为沙其汗皇帝，泰姬就成为莫卧儿历代王朝中最美丽的王后。泰姬不幸英年早逝后，沙其汗根据妻子生前的遗言，召集了两万民工，用洁白的大理石和色彩斑斓的宝石，花了十八年的时间，在朱木那河东岸一块树木葱茏的地方建成了一座举世无双的、宏伟瑰丽如白玉般的陵墓。

不久，沙其汗被他的儿子篡夺了王位，他被囚在朱木那河西边的古堡中。他孑然一身，不分春秋，不分昼夜，扶着庭栏向河东泰姬陵凝神眺望。晚年他眼睛昏花，遥望陵墓已模糊不清，就用水晶片镶在墙柱上，利用光线返照，把陵墓映现出来。沙其汗天天盯着水晶片，望着想念中的泰姬陵，直到他双眼失明，再也看不见了，还每天痴痴地站在那里眺望着。

宋庆龄饶有兴趣地听了这个凄婉悲凉、美丽动人的故事。

泰姬陵是一座75米高的八角形建筑，四周立着四个灯塔式的高塔，像是庄严肃穆地保卫着泰姬陵的四个岗哨，每个塔尖都向外倾斜一分，年代久了，即使塔尖倾塌也不会倒向泰姬陵。

陵墓正面是一个拱门，从墓室门进去，有数块大理石雕成窗花的屏风。绕过屏风，进入地下墓室，正中是一座多层长方形雕花的石棺，泰姬就长眠在那里。石棺上用各种花卉组成了一幅完整的图案，花卉用各种宝石镶嵌，石棺四周有大理石围屏，围屏四周用五颜六色的宝石镶成花纹，作为花带，其中有一朵用61块各种颜色的小巧的宝石镶成的玫瑰鲜艳夺目，就像是刚摘下来放在大理石上似的，真是鬼斧神工，让人叹为观止。宋庆龄对精美的印度古代艺术赞不绝口。

这天，宋庆龄穿着一身浅色旗袍，上身套着一件黑色的外衣，显得格外的端庄秀丽，看着这印度劳动人民建造的宏伟精美的艺术宫殿，真有点流连忘返。

接着，宋庆龄又访问了孟买、加尔各答等地，参观了桑吉佛塔、爱楼罗印度古代石窟等著名的印度文物古迹。她和

宋庆龄与印度官员合影于泰姬陵，前右二为宋庆龄，后右六为靳山旺

印度的妇女儿童进行了广泛的接触，出席了印度26个妇女团体在德里红堡举行的欢迎会、孟买妇女团体的欢迎会和孟买29个妇女团体举行的宴会，以及加尔各答22个妇女团体举行的欢迎会，并参观了儿童合作组织。

宋庆龄在出席印度社会工作会议第八届年会时，介绍了中国的社会福利工作：

“和平福利事业是不可分割的，让我们两国人民团结起来从事这个共同的事业。”

1956年元旦，在宋庆龄离开印度前夕，她在新德里全印广播电台向印度人民发表告别演说时再次强调：

“印度和中国是世界上两个人口最多的国家，我们不能推卸我们维持世界和平的责任”，“我们将共同对缓和国际紧张局势以及和平建设我们各自的国民经济作出重大贡献”。

1955年12月16日到1956年1月2日，宋庆龄率领的中华人民共和国高级代表团，对印度作了整整17天的访问。这是她作为国家领导人、全国人民代表大会常务委员会副委员长第一次担任友好使者出国访问。作为受周恩来总理与罗瑞卿部长特别指示的靳山旺，始终以一个侍从的身份，陪伴与保护着宋庆龄。期间，他虽因战友之间的误会而感到委屈，但更使他记忆犹新的是他们一行曾在出访途中经历危险的故事。因为就在这年4月间，我们的一架飞机在飞往万隆参加会议的途中，遭到了美蒋特务破坏，造成了灾难性的后果。

那么，宋庆龄一行在这次出访途中又遇到了什么样的危

险呢？

“儿子，你过来。”还不到五十岁的廖承志早已开始发福，大鼻子阔嘴巴长得就像他妈妈何香凝，在第三天印度国防部长梅农的女儿举办的欢迎仪式还没开始前，他把靳山旺叫到了跟前。这次随中华人民共和国的高级代表团一起出访的，还有陈翰笙（外交部顾问、中印友好协会副会长）、郝若瑜（公安部八局副局长）、刘骥平（国家机关事务管理局局长）、林德彬（翻译）等高级首长，宋庆龄一直视为儿子的廖承志，当是其中最活跃的一员。他毫不掩饰自己对这位直率得可爱的靳山旺的偏爱，把他当成了自己的儿子，到后来，他竟然在大庭广众下也这么称呼靳山旺。

廖承志的幽默诙谐开朗的性格，熟悉他的人众所周知。例如他因他的小女儿廖茗生肖属狗，所以，竟给廖茗取了个“小狗”的绰号，最使廖茗一想起就要发笑的是，当年她出生时，妈妈要廖承志为女儿起个名字，廖承志竟拿过一本字典，闭上眼睛随意一翻，又在那一页上任意一指，随即睁眼看到了一个“笃”字，便马上作出了决定：“就叫笃笃！”从此，这个随手一指的名字，一直用到廖茗考大学才被她自己改为现在的廖茗。

靳山旺自也乐意当廖承志的儿子，因为时年四十八岁的廖承志不但比他大了二十七岁，而且还总是那么幽默风趣，一有空，就要和靳山旺他们说笑话。所以，平时靳山旺也总

把廖承志当成自己的父辈一样对待。廖承志身宽体胖登楼梯略显困难，每次登楼梯前，都会趁宋庆龄不在身边时，大叫“儿子，儿子”，意思是“快来呀，我要上楼了”。然后转身面向楼梯，将左手搭在楼梯扶手上。这时，听到喊声的靳山旺便会伸出一只手置于廖承志的后腰上用力往上推。其实，廖承志并非真的困难到这地步，只不过借此机会享受靳山旺的爱，试探靳山旺对他的这声“儿子”是否“买账”。

但是，这回廖承志的神情挺严肃，不像是开玩笑。

“廖叔叔，有吗事？”靳山旺连忙走过来。

“听说，你冲我叔婆放炮了？”廖承志的两眼狠狠剜着靳山旺。“叔婆”是宋庆龄在上海进行地下工作和在香港组织保卫中国大同盟时,廖承志和姐姐廖梦醒尊称宋庆龄的专用语。

“我……我其实……其实并不是、不是有意的。”靳山旺不敢正视廖承志炯炯的双眸，心里一阵慌乱。

“你真是电线杆上插鸡毛—好大的胆（掸）子呀！说，你为什么要向她放炮？”廖承志不依不饶，非要打破砂锅问（纹）到底。

放在以往，廖承志的这种俏皮话，早就让靳山旺忍俊不禁了，但今天，他知道自己做错了，只好乖乖认错，向廖承志来了个竹筒倒豆子——一倾而尽。听着靳山旺的交代，望着他那张稚气未脱的娃娃脸，廖承志表示理解地点了点头：“原来是这样。那，你就不能先捺着性子慢慢地向我叔婆解释，而非要像小狗吠月似的乱咬一气呀！”批评完，廖承志

还不忘用右手食指狠狠刮了下靳山旺的圆鼻子。

“嘻——”靳山旺终于被廖承志的俏皮话逗得忍俊不禁，笑了起来。

“说，下次还敢吗？”廖承志的脸又说翻就翻了。

“不敢了。”这倒是靳山旺的真心大实话，昨天，他就为自己的不冷静不理智而后悔了呢。

“对了，这才是我的好儿子呢。”廖承志也终于憋不住，绽开了一脸灿烂的笑容。宋庆龄这么快就把昨天早晨发生的事告诉廖承志，可见他们两家之间的友情何等深厚了。事实确也如此，1981年5月15日，宋庆龄弥留之际与她对话的最后一位亲友不是别人，正是她亲爱的侄儿廖承志。

然而，靳山旺又怎么能想到，他这保证下了没几天，又会再次向宋庆龄“开炮”呢？

在当晚梅农部长的女儿主持的游园晚会上，由于宋庆龄身体欠佳，不能出席，便请她的“侍从”靳山旺代表她出席。梅农部长的女儿不愧为印度典型的能歌善舞的姑娘，晚会上，她带领着一大帮姑娘小伙子，代表他们的国家向中国客人献上了一曲曲优美的歌舞，还硬拉着靳山旺一起上台载歌载舞。

这个“侍从”可不好当，别说唱歌跳舞这些靳山旺本来就不擅长的玩意儿了，就说晚会快结束时人家梅千金的那突然袭击，差点就吓得靳山旺蹲了下去。

“现在，我们欢迎宋副委员长的侍从给我们讲话！”正当

靳山旺为熬到晚会快结束而庆幸时，冷不防梅千金发出了这样的邀请，顿时，劈里啪啦的一阵鼓掌声，已不容靳山旺分说地把他推到了台前。

幸好平时靳山旺跟着宋庆龄学到了一些皮毛，所以，临上场时他居然能够急中生智，把老太太平时所说的包括在来时的飞机上所说的那点知识，全给用了上去："印度是一个人口居全世界第二位的大国家，仅次于我们中国。印度是世界文明古国之一，公元前325年形成统一的奴隶制国家。1526年建立莫卧儿帝国，成为当时世界强国之一。1600年英国入侵印度，建立东印度公司。1950年1月26日，宣布成立印度共和国，为英联邦成员国。我们两国的关系，正像尊敬的尼赫鲁总理去年冬天访问我国时说的那样，'从历史的天快亮前开始，两国就一直非常友好了'。这次，我们来到贵国，受到了贵国人民空前热情的欢迎与接待，现在，我谨代表我的主人宋庆龄和我自己，向你们表示最最真诚的感谢……同时，我还要代表我的主人宋庆龄，热烈欢迎你们前往我们中国观光访问……"

看过宋庆龄发表在第三天（即1955年12月19日）《人民日报》上的那篇题为《在印度副总统举行的欢迎宴会上的讲话》的人，想必一定会发现这个卫士长在引用尼赫鲁总理的那句话的时候，并不完全准确，例如他把"黎明"说成了"天快亮前"，把"一直就在完美的友谊和相互和谐的气氛中共处着"就简单地说成了"两国就一直非常友好了"，惹得代表团

成员们在台下掩嘴窃笑。但尽管这样，对这个靠两个月时间就扫盲的靳山旺来说，已是勉为其难了。

然而，更勉为其难的事还在后面呢，也许就是靳山旺后来加上去的那句“代表我的主人宋庆龄热烈欢迎你们前往我们中国观光访问”的话再次激发了梅千金们的感情，所以，靳山旺的话音刚一落，那帮印度姑娘就在梅千金的带领下一哄而上，一个个拿出了笔与本子，争先恐后地要靳山旺签字，还齐刷刷地要求靳山旺回到中国后向她们发出前往中国参观访问的书面邀请。

再一次的突然袭击，可真把靳山旺给难住了。平心而论，这种邀请只有宋庆龄才有资格发，而对于他这样一个“冒牌”的“侍从”来说，是绝对不能也不敢的。怎么办？总不能就此眼睁睁地逃下台去吧？也总不能不回答人家吧？更不能对人家说“对不起，等我回去请示我的主人后再来回答你们”吧？就在这左右为难、骑虎难下的时候，机灵与聪敏再次帮助了靳山旺，一道灵感从他的脑海中一闪而过。但见他清了清嗓子（那是故作镇静与即兴编台词）后，这才借机笑着推开印度姑娘递上来的笔与本子，对着台下大声说道：“尊敬的印度朋友们，我发自内心地、非常非常地欢迎你们到中国来访问、来做客，到时候，我一定会到机场来迎接你们的。”说完这几句话，靳山旺再也不敢逗留，趁着印度姑娘们的欢呼声，一溜烟地走下了主席台。

关于靳山旺的这段即兴创作式的发言，廖承志非常满

意，事后，他摸着靳山旺的后脑勺表扬道："好儿子，聪明，聪明，这几句话说得含蓄，既没伤了印度朋友的感情，又巧妙地回答了人家的提问。看来，儿子你以后能调到外交部去工作了。"

第五章 异域历险

如果说孟买的那两夜两天纯属是靳山旺的高度警惕性所致的话，那么，在后来飞往缅甸的途中所遇到的意外事故，那才是真正的有惊又有险呢

且说宋庆龄一行访问完新德里等城市后，便直飞孟买市了。孟买是印度的一个大城市，素有"金融之都"之称，号称"印度西部门户"。就在宋庆龄一行在新德里市长等印度官员的欢送下登机不久，忽然，靳山旺发现宋庆龄与廖承志等首长的神色一下子变得凝重了起来，间或，他们还轻声地交谈着什么。

发生什么事了，这么严肃？

不等靳山旺上前打探，廖承志已把一份当天印度印行的《南洋日报》递到了他面前。由于这是一份印度华侨主办的报

纸，所以，上面的中文字靳山旺基本都能读懂。然而，他不看便罢，一看，两眼顿时睁大了。但见该报的头版头条以通栏大标题印着这样一行繁体黑体字，大意是——

“热烈欢迎国母宋庆龄弃暗投明——台湾民众在等待着您的到来”！

内文更是一派无稽之谈，什么宋庆龄这次出访印度，就是准备打道转向台湾的，她在中共的重压下，已忍无可忍了，等等。

其中另有几条花边新闻，更是赤裸裸的无耻，内文竟充满了威胁与恫吓，说孙夫人不必犹豫不决，届时自有蒋家的人员在半途上接应，等等。

靳山旺文化再不高，但这几段文字还是看得懂的。这不分明是暗示台湾方面随时可能劫机夺人吗？

不管怎么说，在这份发行量不小的《南洋日报》上出现这样的文字，作为宋庆龄身边的卫士长，靳山旺不得不把全身上下的所有神经都绷紧了，总之一句话，决不能让敌人的阴谋得逞！要确保宋庆龄的绝对安全。

当晚，代表团一行分别下榻于孟买省长官邸的二楼与三楼，宋庆龄等人住在三楼。她的卧室门外是一条走廊，走廊前是一个小客厅，进入宋庆龄的卧室，必须先经过这个小客厅。使靳山旺尤其担心的是，客厅的一边是供客人上下的两扇电梯门，电梯上下、客人穿梭十分忙碌。万一真有坏人前

来劫持宋庆龄，上了电梯后就可以直奔宋庆龄的卧室了。

强烈的责任心与事业心，使得靳山旺决不敢有半点的掉以轻心。他立即找到郝若瑜与刘骥平，紧急商量预防万一的应急方案。郝与刘两位自也不敢疏忽大意，又连忙找来印度方面的保安人员，开了一个紧急简短的碰头会。

在会上，靳山旺首先提出方案：大楼外围的安全保卫工作，由印度方面全面负责，而他则亲自值守在三楼的过道小客厅，负责监控三楼及电梯里的人员上下与进出。应急方案定下后，靳山旺就把小客厅里的两张沙发并在一起，然后悄悄地把怀中的手枪上了膛，卷了一件大衣稳稳地坐在沙发上，刚好正对着两扇电梯门。他决定来个一夫当关、万夫莫开，就在这里为宋庆龄站岗把门了。

《南洋日报》上刊登的那几篇所谓的新闻报道，使卫士长浑身的神经都绷紧了。这几年，台湾老蒋“反攻大陆”的叫嚣声始终没停止过，他们的暗中破坏活动也越发隐蔽与猖獗了，发生在这年4月份的“克什米尔公主号”事件，公安部已经下了定论：这次谋杀事件确系蒋介石在香港的特务所为。

1955年春天，中国政府收到亚非会议邀请后，决定派出以周恩来总理为团长的代表团参加在印尼万隆举行的亚非会议。周总理原计划于4月11日乘坐荷兰航空公司的包机“克什米尔公主”号，从香港启德机场起飞，前往万隆。但“克什米尔公主”号在当天离开香港4个多小时以后，大约在下午6时30分左右爆炸失事，机上我方8名成员和3名外籍人士

全部罹难！所幸周总理临时改变计划，从昆明取道仰光到达雅加达，这才幸免于难。

联想到“克什米尔公主号”事件，靳山旺哪还敢眨一眨眼睛呀，处于狗急跳墙边缘的蒋介石集团，已到了不择手段、什么坏事都干得出来的地步。

然而，要整整一夜睁大眼睛不睡觉，对这个才二十一岁、正值贪睡年龄的小伙子来说，无疑是个巨大的挑战和考验，尤其下半夜，那两眼皮就像涂了胶水似的直往下耷拉。起先，靳山旺想凭窗欣赏孟买市那迷人的夜景来解乏。靳山旺早听宋庆龄介绍过：孟买省长的官邸三面临海，风景美丽。我国唐朝的时候，许多阿拉伯人航海到中国来经商时都要经过这个海湾。唐宋两代，广州、泉州和阿拉伯海湾一带的国家的商业来往，非常频繁。而现在印度的对外贸易都要靠帝国主义的船舶。他们和我们中国的贸易往来之所以不能很快发展，缺乏海上运输工具也是一个原因。然而，由于现在夜已深，孟买市已进入梦乡了，什么也看不见。之后，靳山旺不得不靠香烟的刺激来警醒自己。然而，他平生还从来没有抽过一支烟，只抽了几口就头昏脑涨，好几次，烟醉使他差点恶心呕吐。无奈，他只好不时地站起身，以原地跑步来驱散瞌睡虫……

宋庆龄是在第二天才知道靳山旺彻夜不眠独自一人值守在小客厅的。那晚，客散人尽后，宋庆龄心痛地来到靳山旺身边，说什么也要靳山旺回房去睡觉，可是，靳山旺说什么

也不服从。宋庆龄望着这个忠诚的卫士长，只好无奈地摇头叹气，以尽量多陪着靳山旺坐一会儿、多说些话来表示她对靳山旺的感激之情。

“大炮，听说这次出来，罗长子（指罗瑞卿部长）把侬的手枪给换了？”宋庆龄就坐在卫士长的身边没话找话。

“换了。六轮，美国货，最新式的。”

“给我看看。”

靳山旺笑了，一句“你又不懂看个什么呀”差点脱口而出。岂料，宋庆龄接枪在手后，竟熟练地来了一套退膛上栓的动作，还一甩手，一眯眼，冲着窗外做了个漂亮的瞄准姿势，直看得靳山旺目瞪口呆。

“怎么，侬也会白相？”

“会。这是我在美国时学会的，防身用。”

就在这晚，靳山旺不但知道了宋庆龄会打小手枪，还知道她会开汽车呢。当年，在经受了广州历险的惊吓之后，她就趁那年在美国逗留的时候，向朋友学会了这两门基本功。

“大炮，我该死，我对不住侬。”忽然，宋庆龄话题一转，不无内疚地对靳山旺说道。

靳山旺吓了一跳：“首长，侬这话从何而来？”

“那天，我错怪侬了。”宋庆龄不好意思地笑道，“还真以为侬忘了把讲稿带出来呢。我真该死呀，头脑都没摸清楚，就瞎批评。”

原来是这件事呀！靳山旺可早就忘掉了。但是，宋庆龄的自责，反使他感到了局促不安，连忙来了个自我批评："不不不，这件事是我有责任，我应该一到新德里，就先把那几份东西交给侬的，还有，那天我的火气也太大了，不过，侬要相信，我绝勿是冲侬来的，因为……"

宋庆龄连忙竖起右手食指，贴在嘴唇上，示意靳山旺不必再往下说，她已什么都明白了……

就这样，靳山旺一个人在孟买官邸的代表团下榻处，连着两天两夜没合眼，以他的无比忠诚与毅力，保卫了宋庆龄的安全。细心的宋庆龄还一清早就通知服务员，给靳山旺送去了有清凉败火功效的仁丹，让两天两夜没有合眼的靳山旺退退为此冒出来的满嘴的水疱。

宋庆龄率领的中华人民共和国高级代表团结束对印度的国事访问时，已是1956年元旦了。1956年1月2日，宋庆龄一行在拉达克里希南副总统的亲自欢送下，乘坐飞机离开印度新德里，前往缅甸首都仰光。

如果说孟买的那两夜没合眼纯属靳山旺的高度警惕性所致的话，那么，这次飞往缅甸的途中所遇到的意外飞行事故，才是真正的有惊又有险呢。

这天，宋庆龄一行乘坐的仍是荷兰产的名为"空中霸王"的载客飞机。那天，当飞行到中途的时候，忽然，靳山旺闻到机舱里似乎有一股异样的臭味，仔细一分辨，原来竟是一

股从机舱前面散发出来的橡胶焚烧味，而且随着机身的颠簸正越来越浓烈，连宋庆龄都闻到了。

“什么味道？”

“好像是橡皮烧焦了的味道嘛！”当时，代表团成员中有人的面孔都白了。宋庆龄虽说没吭声，但她的双眉也明显地皱了起来。与此同时，飞机的引擎发出了异样的轰响声，机身也开始剧烈地颤抖了起来。

靳山旺嘴里不说，心却一下子吊到了嗓子眼，他知道，上次失事的“克什米尔公主”号，就是这种“空中霸王”的机型！难道类似的灾难今天要降落到宋庆龄的头上吗？

靳山旺尽量让自己镇静下来，沉着地走进驾驶舱，一看，果然出事了，几个正副驾驶正忙成一团，紧张地瞪大眼睛在寻找事故的源头呢。

“出什么事了？”靳山旺压低声音，急促地向驾驶员们发问。

“正在检查中。不知怎么搞的，飞机只能平飞，不能上升了。”副驾驶员双眉紧锁、头也不抬地回答道。

“那，能否降落呢？”

“降落没问题。只是不知什么烧起来了，得迅速排除。”

这时，机舱里的橡胶焚烧味越来越浓了，但机舱里却越来越寂静了，静得能听见大家急促的呼吸声。全体代表团成员的紧张的目光，齐刷刷地投向一帘之隔的驾驶舱。

宋庆龄的脸色更白了，双手十指也情不自禁地绞到了

一起。

靳山旺始终密切观察着宋庆龄的神情，见状，他一边沉着地踱出驾驶舱，一边故作镇静地堆上一脸微笑，慢慢地退到走廊中："勿要急，勿要急，飞机出了点小毛病，马上就排除。"

"哪里出了毛病？"有人追问道。

"小毛病，小毛病。"靳山旺一边回答，一边装做没事人似的，笑着对宋庆龄说道，"首长侬不要怕，现在飞机正好在大海上，飞得也不高，下去正好浮在海面上，就是到时候要沉下去，侬也不要急，到辰光，侬只要憋住气，我揪住侬，就什么问题都解决了，再也不怕沉下去……"

这个嘴上无毛的靳山旺，居然在这样危急的情况下，还偏偏来了个哪壶不开拎哪壶。不过，他那种初生牛犊不怕虎的大无畏精神，还是搅活了机舱内紧张沉闷的空气，使得宋庆龄哭笑不得，并终于哈哈大笑了起来。

故障的根源很快找出来了，原来是飞机的两只螺旋桨不知何故烧起来了。但有一点是肯定的，那绝对不是老蒋的特务捣的鬼，而是"空中霸王"螺旋桨中的橡胶垫圈老化了、干硬了，摩擦中冒出了火星，最终引起了自我焚烧的结果。

故障的根源一找到，机长立即作出了就近降落、紧急抢修的决定，直到"空中霸王"在加尔各答市的机场上停稳，大家才长长地松了口气。

缅甸国土面积60多万平方公里、人口3000多万，是个多民族的国家，共有克伦族、掸族、克钦族等50多个民族，居民中85%信奉佛教。国名释义源于缅族语，梵文意为“坚强、勇敢”，别称万塔之国。缅甸1950年6月8日与中国建交，1954年6月，吴努、尼赫鲁和周恩来这三位总理一起在万隆宣布了和平共处的五项原则，成为了这三个长期以来遭受外来侵略和压迫的主要亚洲国家追求和平的宣言，并得到了世界上大多数国家的赞许与支持。1954年12月，缅甸总理吴努访问中国时，还同周恩来总理一起发表了一个联合公报，进一步声明：“即使是现在互相对立的国家，也可以建立正常的、和平友好的关系，只要这些国家以诚意和善意为此而努力。”

1月初，正值北京的隆冬，千里冰封，万里雪飘。但缅甸仰光却是绿树繁花，大地锦绣。

宋庆龄一行刚下飞机，便感到“热浪”扑面：缅甸的人民和缅甸的天气一样热情洋溢，宋庆龄等刚一站上缅甸的土地就深深地感受到了缅甸人民的友好情意。机场上满是黑压压的欢迎人群，鼓掌声、欢呼声一浪接着一浪，站在欢迎队列中的少女穿着白色蝉翼纱的上衣和叫做龙其的红色裙子，头发高高地向顶上束起，发尾松散地披在耳边。这是缅甸妇女最隆重的盛装，只有祭神和迎接贵宾时才这样打扮。她们把大束的玫瑰花献给中国贵宾。

缅甸总统秘书吴巴盛、昂山将军夫人都亲自到机场欢迎。

尽管如此，靳山旺心中的那份警惕却始终不敢有半点的

松懈，他心明如镜。在代表团出访前，公安部对缅甸境内的情况十分重视，作了全面的了解，得知台湾的国民党机关向缅甸境内派遣了不少特务和情报人员，还有着国民党残余军队。为此，公安部通过外交途径，请缅甸方面在我方代表团访问期间，将具有危险性和重大嫌疑的国民党特务逮捕和清理。事后，靳山旺得知，缅甸警方确实做了不少的安全保卫工作，据说在首都仰光，缅甸方面就逮捕了二百多名国民党特务和嫌疑人。缅甸方面负责安全保卫的人员也曾对靳山旺他们表示：请你们放心，国民党的特务嫌疑人被我们抓起来了，掸邦和中国没有什么重大的利益之争，所以，你们在缅甸是安全的。

宋庆龄在机场发表了热情洋溢的讲话："中缅两国国境毗邻，两国间在很久以来就和睦相处，文化和经济交流在久远的年代之前就已经开始。我们都遭遇过殖民主义的压迫和剥削，并且都在经历过一系列的艰巨的独立斗争之后，在前后相差不远的时间获得了我们一代人们所毕生企求的民族独立"，新中国成立后，"我们两国的友好和睦关系日渐增进"。

最后她还说："把六亿中国人民的友谊带给缅甸人民就是我此行的任务。"

从机场到仰光市内，宋庆龄的车队要经过好长一段路，缅甸政府组织了十万人夹道欢迎，因此行车缓慢。靳山旺坐在前驾驶室内瞪大了警惕的双眼，丝毫不敢有半点懈怠，他甚至看见马路两边的欢迎人群中有人穿着拖鞋。

宋庆龄应邀出席了仰光市长和缅甸反法西斯人民自由同盟举行的欢迎大会。

仰光市政大厅前，24面中缅国旗迎风招展，市政府大厦前站满了手持印有和平鸽图案的旗帜和彩色氢气球的群众，当宋庆龄由吴努总理、中国驻缅甸大使姚仲明陪同来到市政厅大厦时，五彩缤纷的气球腾空而起。

吴努在讲话中盛赞宋庆龄“同她的丈夫一样，是一位伟大的爱国主义者，一位为她的祖国的进步和中国人民的繁荣而不倦工作的人，在那个伟大国家的许多变动中，她都发挥了重要的作用”。

宋庆龄发表了题为《为和平而奋斗的中国和缅甸》的演说，她指出：“中缅两国是很好的邻邦，我们的关系是建立在我们两国人民对于安全和进步的愿望上面的”，中缅两国关系，是“亚洲人民极其亲近的”，和平共处五项原则，在这个地区“获得广泛的赞许也是很自然的”，表明“亚洲人民中间存在着广大的一致性”，“亚洲觉醒了的人们已经找到了一条求同存异的道路”，呼吁，“让我们同所有爱好和平的国家和人民一起，把亚洲与世界和平和进步向前推进”。

宋庆龄讲完话后，全场响起了暴风雨般的掌声，长达三分钟之久。

当晚，宋庆龄一行出席了缅甸总统巴宇举行的盛大的欢迎宴会，翌日拜访了缅甸总理吴努，并在总理官邸与吴努共进午餐。由于宋庆龄一行鞍马劳顿、十分疲乏，所以，3日与

4日这两天，缅甸方面没有过多安排正式公务活动，只是邀请宋庆龄一行前往珠宝市场等景点进行参观。

宋庆龄对缅甸充满了好感，因为这个万塔之国是一个具有两千多年悠久的传统文化历史的文明古国，拥有大金塔、卧佛、百年神树、弄栋湖及著名的一百零八寺僧侣选游中心佛寺与茵莱湖，以及与众不同的一国两城（大其力、泰美塞）。然而，使宋庆龄对缅甸情有独钟、特别亲切的却是这片热带土地，因为“或许这是由于我自己的祖先来自热带的海南岛的缘故”（见1956年1月6日宋庆龄在仰光政治大会上的演说《为和平而奋斗的中国和缅甸》一文）。

在佛教之国、多塔之国的缅甸，宋庆龄怀着兴奋、仰慕的心情参观了大金塔。

大金塔是仰光、也是缅甸最大的塔，塔高326尺，有东、西、南、北四个大门，从哪一个大门走进去，都能看到装饰着的大红柱廊。在两边的大红柱子当中，靳山旺扶着宋庆龄顺着一层层台阶走上去，走到最上层，金光闪闪的大金塔耸立在眼前，整个塔上面全贴着纯金箔，在阳光照耀下金碧辉煌，发出耀眼的光芒。大金塔四周围绕着无数用石头和木头建造的小塔，壁龛里有着一尊尊大小不一的玉佛。每天来到这里朝拜、在佛像前念经祷告的善男信女，络绎不绝。

宋庆龄还瞻仰了1955年10月15日从中国迎奉来这里的佛牙。

根据佛教典籍记载，释迦牟尼逝世后火化，留下四颗牙

齿，其中一颗传入中国。虔诚信仰佛教的缅甸人民，长期以来抱着一个虔诚的心愿，要见一见、拜一拜在中国的佛牙。早在九百多年前，缅甸名王阿那佛陀就想将佛牙从中国迎奉回到缅甸，但没有如愿。1955年4月，吴努总理向中国佛教访缅代表团提出请求，希望迎请佛牙到缅甸做一个时期的巡行，供缅甸人民瞻仰。经过周恩来总理和中国政府的协助，1955年10月15日，中国佛牙终于被迎奉到了仰光，缅甸人民的千年夙愿一朝实现，顿时全国轰动。当盛着佛牙的金塔从飞机抬上特制的金漆大法轮座椅时，法螺与锣鼓齐鸣，诵经的声音像海潮一般汹涌。然后佛牙金塔由总统、总理、大法官、上、下议院院长、佛教协会主席抬上特备的彩车，在市区巡行一周后，被送到吉祥石窟内供缅甸人民瞻仰。

宋庆龄在瞻仰佛牙的过程中，不断赞誉这个深得友好邻邦民心的盛举。宋庆龄是迎奉佛牙后第一位来访的中国国家领导人，当他们一行瞻仰佛牙时，数不尽的人们向他们举手致意，表达缅甸人民的感激之情。

宋庆龄还访问了故都曼德勒和缅甸最大一个邦掸邦的首府东枝，游览了掸邦著名的茵莱湖，还访问了缅甸第三大城市毛淡棉，出席了当地华侨为其举行的欢迎茶会。

所以，尽管宋庆龄在缅甸整整逗留了21天，仍使她有种“我在缅甸逗留的时间很短”（详见1956年1月23日宋庆龄《在仰光发表的告别广播演说》一文）兴犹未尽的感叹。当然，这是与吴努总理他们极其热情与隆重的接待分不开的。

说起吴努总理的热情，差点使人受不了。1月4日，正是缅甸国庆节，当晚，吴努总理以私人名义，邀请宋庆龄等一行在他家中共进晚餐。刚开席，吴努便端出了一盘鲜红欲滴的辣椒，带着一脸坏笑对在座的中国朋友介绍说："这是一盘'印度人哭'，不知你们各位谁敢和我一样吃？"

"印度人哭"？什么意思？

"就是辣得会使人流泪的意思。"吴努笑着解释道。

事后，靳山旺他们才明白，吴努总理当时的这个举止与这句话中，包含着他们缅甸不服印度的成分，因为宋庆龄在印度访问了十几天，而他们缅甸国对待客人的热情与真诚是决不会比印度差的。至于这种缅甸产的红辣椒何以名为"印度人哭"，那很可能是吴努总理临时即兴创作的。

"我敢吃。"从印度到缅甸一直保持低调的隋学芳，这时忍不住第一个站了出来，毫无畏惧地笑着回答道。

当时，围坐在一桌上的除了宋庆龄、廖承志之外，还有郝若瑜、刘骥平、靳山旺等代表团的其他成员，加上吴努总理的一家子，坐了个满满当当。众目睽睽之下，一向争强好胜的隋学芳，自是不甘心落后他人，同时要为祖国争一争这个面子的。

"那么，你能吃几支呢？"吴努总理见有人应战，不由双眉高扬，兴致更高了。

"不知总理阁下能否先告诉我这个答案？"隋学芳不是鲁莽汉，他狡猾地反问对方道。

宋庆龄在缅甸茵莱湖畔，右一为靳山旺

翻译刚把隋学芳的问题翻过去，吴努总理就笑了：“14支。不过，期间，任何东西也不能吃，包括水。”

隋学芳自是不甘就此输给吴努总理，便在对方14支的基础上，想也不想就加了两支：“我吃16支。”

“我也算一个。”见时机成熟，一直没吭声的靳山旺出其不意地也参加了这种有跨国意义的吃辣椒比赛。

这种别开生面的比赛，当场逗得在场的人们哈哈大笑，但宋庆龄在抿嘴微笑的时候，心里不由暗暗地为手下两位爱将捏着一把汗，因为这毕竟是能辣得印度人掉眼泪的缅甸红辣椒。

比赛开始了。吴努一口气吃了三支，然后坐在那里静观坐在他对面的两位中国年轻警卫的表演。

靳山旺拿起一支辣椒放进嘴，还没咀嚼，一股难以言表的辣味就像火似的，直往他的鼻腔里钻，辣得连他这个从小吃惯了辣椒的陕北汉子，也不由得溢满了两眼眶泪花。但当他见隋学芳已含着泪水把两支辣椒吃了下去时，他也一闭眼，硬起头皮三口两口地吃下了这第一支“印度人哭”。

第二支，第三支……随着又一盘红辣椒端上来，整个晚宴的气氛像开了锅，掌声、喝彩声此起彼伏，其中要数廖承志的嗓门最大了：“儿子，加油，加油呀！儿子！”

“不可以不咀嚼便吞咽的，不可以的。”翻译林德彬连忙传达了吴努总理的提议。因为实在受不了这“印度人哭”的刺激，隋学芳竟把几支辣椒囫囵吞枣地咽了下去，被吴努总

理看了个一清二楚。

“12，13，14……”始作俑者吴努总理，也受不了这一团团火苗似的红辣椒，终于连连摇头地宣布自己不行了，苦笑着第一个退出了比赛。这时，尽管隋学芳也早已是涕泪满面，但他还是坚持着又吃了两支，硬是以整整16支的数字领先吴努总理两支。然而，他实在顶不住了，不等嘴巴里的辣椒末咽下去，就抢也似的端起旁边的一杯水，咕咚咕咚地喝了个杯底朝天。

现场，只有靳山旺还没住手。尽管此时此刻他的喉咙里已像燃着了，整个口腔已被辣味刺激得麻木了，但他还要拼命坚持着多吃两支。最后，他以吃下18支“印度人哭”而赢了这场罕见的比赛。

“你了不起，是大王，吃辣椒的大王！”吴努总理面对着这位年轻的中国小伙子，由衷地向靳山旺伸出了大拇指。

“岂止是吃辣椒大王，他还是我们的神枪手与战斗英雄呢！”廖承志为靳山旺提了半天的心终于落回到了原处，他不无骄傲地向吴努总理补充道。

1月6日上午，宋庆龄应邀出席了缅甸反法西斯人民自由同盟为她举行的政治大会，并发表了那篇著名的题为《为和平而奋斗的中国和缅甸》的演讲。首先，她简明扼要地阐述了中缅两国人民的友谊，巧妙地把自己的个人感情渗透在这节开头语中；接着，她通过回顾两国互访与交流的情况，突

出了两个国家（含印度）所宣布的和平共处五项原则，在争取世界和平与国际友谊中所起到的重大作用，强调了五项原则那非常有价值的准则；最后，她要求两国高度警惕当时远东紧张局势的根源—在联合国中篡夺中国的地位、拒绝协商朝鲜的和平统一、拒绝以行动来支持关于恢复印度支那和平的《日内瓦协议》、不断唆使可恨的蒋介石集团威胁中国、缅甸和整个亚洲的安全及威胁亚洲每一个国家的利益的进一步发展的东南亚公约集团，继续坚决地反对一切对中、印、缅内政所进行的各种干涉，同时，她相信“各国的人民，包括美国人民在内，都希望世界能够通过协商而不是诉诸武力来解决它的问题”，表示“中国人民一直是而且永远是准备同任何人进行合作来实现任何基于人民的合法权利和各国真正平等的和平计划”的，愿意把中缅两国之间的关系“提高到前所未有的高度”，并以这一切为基础，“同所有爱好和平的国家和人民一起，把亚洲和世界的和平与进步事业更加向前推进”。

宋庆龄发表的这篇仅六七千字的短文演说，竟十多次被缅甸人的掌声所打断。

宋庆龄的演讲之所以受到缅甸人民的热烈欢迎，与她平时的知识积累与对世界和平的研究是分不开的。真所谓功夫在诗外。例如那次她在曼德勒演说时即兴以会场附近故宫旧址的一段缅甸的史实作例子。缅甸最后一位国王思宝的王宫在英国人占领缅甸时被英军用作总司令部；第二次世界大战

中日军入侵，又成了日军总部；日本投降，缅甸人收复了这所王宫，却又遭到了卷土重来的英军的轰炸，变成一片废墟，等等。

在出访缅甸的这段时间里，宋庆龄一行还游览了缅甸著名的茵莱湖。不过，靳山旺在陪同宋庆龄游览茵莱湖时，却因此惊出了一身冷汗来。

茵莱湖位于缅甸北部掸邦高原的良瑞盆地上，为缅甸的第二大湖，是缅甸著名的游览避暑胜地。湖面海拔970多米，南北长14.5公里，东西宽6.44公里，三面环山，来自东、北、西三面的溪流注入湖中，向南汇入萨尔温江。茵莱湖湖水清澈，阳光直射湖底，湖中生活着20多种鱼类，有着丰富的水产资源。

在茵莱湖上，漂浮着一片片的水上菜园，它们叫“浮岛”。这些浮岛可以随着湖水的涨落而升降，也可以像船一样划来划去。岛上的蔬菜既不会因湖水暴涨而淹没，也不怕干旱无雨而干枯。湖上的渔民、浮岛上的菜农、上学的儿童都驾着一种仅几十厘米宽的小船来往于湖上，就连和尚们出门化缘也时常乘这种船。而他们划船用的是两只脚。那年，陈毅元帅游览茵莱湖时被这种奇景所吸引，写下了“飞艇似箭茵莱湖”、“碧波浮岛世间无”的诗句。

茵莱湖中央有个固定的人工岛，上面建筑了一座缅甸风格的佛塔。塔身金光灿灿，与碧绿的湖水交相辉映，秀美而

庄严。信奉佛教的湖上居民络绎不绝地前往朝拜。塔的周围设有市场，人们从这里买回各种食品和日用品。许多渔民菜农也把鲜鱼和蔬菜运到那里去出售。每五天在湖上分几处举行一次水上集市，进行商品交易。那里还以出产精美的丝织品而遐迩闻名。

站在岸上望着湖中用脚划船的人们那种怡然自乐的逍遥劲，吟着陈毅元帅的那首诗，宋庆龄不由笑逐颜开、手脚痒痒，青春的活力好像又回到了她身上。

在缅甸政府的安排下，宋庆龄与昂山夫人等在靳山旺陪护下，坐上了一艘同样只有几十厘米宽、但艇尾装有动力的小游艇，直向波光潋滟的湖中驶去。

缅甸已故独立运动的领袖昂山在缅甸享有极高的声誉，所以，当宋庆龄始终在昂山夫人的陪同下访问缅甸各地时，这两位本国革命先驱者的遗孀并肩出现在公众面前时，受到了情绪激动万分的人们的欢迎。

生活在水乡泽国的茵达族人，一般是把四根高脚木桩的房屋建在湖畔或岛边的浅水中，形成了一个个水上村落。打远望去，碧水之上村落点点，别有天地。每家的门前都系有一叶扁舟，一出家门就以船代步，所以，这里的人们从小练就了以脚划船的硬功夫。当地人认为，用脚划船速度快而耐久，并能腾出手来撒网、抛叉，一个人在船上作业，可以行船捕鱼两不误。节日期间，湖上居民还举行划船比赛，成为茵莱湖上的又一景。

不过，宋庆龄与靳山旺别说用脚划船了，只怕用手划船也不行。出生于黄土高原的靳山旺更是连游泳都不会。所以，他们只好听从主人的安排，坐上一艘快艇前去体验一把。用身后那个随船的缅甸导游的话来说，随船绕湖一周，不但可以观浮岛、登佛塔、饱览湖光山色，还可以趁坐船观光之余，在凉亭小憩，静观蓝天上的水鸟与碧波中的鱼群，一举数得呢。

然而，使宋庆龄没想到的是，游艇一驶出湖湾，速度就眼见着加快了，风声呼呼、水花翻翻，到后来，整艘快艇就像在湖面上飞起来了！尽管每人身上都穿着救生衣，但仍挡不住一阵阵突然而至的恐惧。宋庆龄望着扑面而来的浪花，似乎感到小艇已失去了控制，以致从没见过这种阵势的她吓得面色苍白，扑面而来的劲风，更是噎得她几乎透不过气来，那凛冽的湖风绕过前面的挡风玻璃，冻得她嘴唇也发紫了。

“停，快停下来呀——”终于，宋庆龄经不住这般的惊吓，忍不住叫了起来。可是，她那微弱的叫声在那股强烈的风声浪声引擎声中根本无济于事，尤其艇后的那个掌舵的缅甸人，更是听不懂她的求救声，快艇非但没有减速，反而越驶越快了。宋庆龄只好张开两手，死死抓住仅几十厘米宽的船身，紧紧地闭上双眼。

始终坐在她身后并密切地关注着她的靳山旺坐不住了，尽管他此时的心中也十分紧张，也早就用双手撑住艇的两舷不敢轻举妄动，但他更担心老太太万一支撑不住磕碰伤了身

体的哪个部位，所以，他不顾一切地振作起精神，腾出右手伸进宋庆龄的胳肢窝里，用力扶住了老太太，并强装镇定地在宋庆龄耳边喊道："不要怕，不要怕，没事的，没事的！"

靳山旺强有力的这一扶，就像一副支架，稳稳地架住了老太太的身躯，使宋庆龄的心中顿时安定了不少。耳边传来的"大炮"的"轰鸣"声，更是使她哭笑不得："侬吓什么呢？就是掉进湖中，也有我大炮在呢！"

侬这门傻大炮！宋庆龄无力地回头嗔骂靳山旺，调侃道："侬自己本是一只旱鸭子，要掉到湖中只怕自己先沉下去了呢！"

宋庆龄这次出访，在缅甸逗留的时间最长：从1月2日到1月23日，整整二十一天，仍兴犹未尽。这二十一天中，除却大量公务外，她还参观游览了大金塔、仰光大学，访问了缅甸的古都曼德勒，并在风景如画的东枝和茵莱湖上体验了该国各少数民族的生活和风俗习惯，她还欣赏了南部海港毛淡棉市的风光。但是，由于时间关系，她还没来得及访问缅甸的葛鲁和安邦这两个城市。当然，她很钦佩缅甸人民决心要保持民族独立的精神，感受到了缅甸人民进行和平建设、希望世界和平的迫切愿望，同时，她为缅甸人民那一腔同中国发展友好关系的愿望而深深感动。

在她的告别演讲中，宋庆龄毫不掩饰地表示了她兴犹未尽的原委：

“由于巴基斯坦政府和它的总理的邀请，我将赴巴基斯坦进行友好访问。这次我只是看到了缅甸的一个部分。但是，对于缅甸政府、总统和总理、各地方政府的官员们和各界人民在我逗留的二十一天所给予的热烈的欢迎和周到的款待，我简直找不出话来充分表示我衷心的感谢。”

最后，她期望中缅友谊在1956年中将有更大的发展。

与访问印度和缅甸相比，宋庆龄在巴基斯坦的访问时间是短了些，从当年1月24日下午到2月2日，只有九天。因为她那发作得特别厉害的荨麻疹等病症，使她实在无法逗留了，她必须尽快地回到祖国，去医治她那始终被她认为难以启齿而守口如瓶的讨厌的疾病。

其实，在告别仰光前往巴基斯坦的飞行途中，她已明显感到了身上疾病的袭扰了，所以，一路上她实在打不起精神，始终闭着眼睛在默默承受着病魔的折磨。直到第二天上午见到当天的巴基斯坦印行的《黎明报》上的那篇说宋庆龄“将有机会亲自看到巴基斯坦人民对他们在中国的兄弟们怀抱着怎样的热情和善意”的文章，她的心情才好转了些许，话也渐渐地多了起来。

她笑指着那份新出版的巴基斯坦国家地图，对身边的靳山旺他们介绍道：“是的，这是一个拥有76.6万平方公里的国家，它的战略位置十分重要，它位于南亚次大陆的西北部，东与印度接壤，东北与我国为邻，西北与阿富汗交界，西又同伊朗毗邻，南临阿拉伯海。海岸线长980公里。全境五分

之三为山区与丘陵地，南部沿海一带为不毛荒漠，向北伸展则是连绵的高原牧场和肥田沃土。喜马拉雅山、喀喇昆仑山和兴都库什山这三条世界上有名的大山脉在巴基斯坦西北部会聚，形成了奇特的景观。源自中国的印度河进入巴境后，自北向南，长驱2300公里，最后注入阿拉伯海。除南部属热带气候外，其余属亚热带气候……”

“大炮，侬晓得巴基斯坦是什么意思吗？”在飞机上，宋庆龄笑着考问靳山旺。

靳山旺自是两眼一抹黑。

“巴基斯坦是一个按宗教特征建立起来的国家，在历史上它是印度的一部分，在过去的两个世纪中，曾遭受英国殖民统治。巴基斯坦是清真国的意思。1947年，印度和巴基斯坦同时摆脱了英国统治宣布独立。巴基斯坦立国后，还是英联邦范围内的一个自治领，总督由英王任命……”

面对老太太的侃侃而谈，当时靳山旺除了佩服她的博学多闻之外，更佩服的是她优秀的英文基础，因为像这种都是弯弯曲曲的英文字的说明，他是两眼一抹黑，一个也不认识。

宋庆龄一行在卡拉奇机场受到了穆罕默德·阿里总理及其他官员的热烈欢迎。

当天下午，宋庆龄一行下榻在巴基斯坦的伊斯兰堡市国家公寓里。当时，伊斯兰堡市还不是巴基斯坦的首都。

伊斯兰堡市是个到处布满了自然景色的大城市，它位于东北部海拔600多米的波特瓦尔高原上，背倚高耸的马尔加

拉山，东临清澈的拉瓦尔湖，南面是一片葱绿的山丘，气候宜人，景色秀丽。由于它那属亚热带季风气候的特殊的地理环境，所以，它的旱季和雨季的界限十分分明，巴政府于1959年决定在那里建造新首都。

宋庆龄在巴基斯坦的演讲，是在访问该国的第五天应邀参观巴基斯坦电台各部门后发表的。这次演讲，如同在缅甸一样，她宣扬的不止是现代化，这可以从她后来在达卡大学授予她名誉法学博士学位典礼上的讲话中引以为证：

“我在讲话中着重提出历史科学研究的重要。我说，人类的进步是愈来愈快的，这固然是由于文化的积累，可也是由于人类对历史的认识程度不断的提高。广大人民一旦有了这种认识，就产生伟大的力量。历史证明凡是觉悟了的人民都曾推翻了殖民主义的统治，争取了自己国家的地位。”

从这里，人们又似乎听到了孙中山“知难行易”和马克思“认识世界是为了改造世界”的名言。

然而，宋庆龄浑身像水痘一般遍布的荨麻疹，就像千万条细小的毛毛虫在那里蠕动着，使她浑身痒痒得难以自持，恨不能马上躲起来在周身涂上一遍药膏，但是，面对公众，她始终清楚着自己此时此刻的身份，千方百计地维护着自己的形象。这是一种何等痛苦的折磨与何等坚强的毅力呀！千万条小毛虫在身体皮肤上的爬动，痛苦得宋庆龄只差没有流眼泪了。尤其使宋庆龄痛苦的是，她的这种恶劣的疾病，还使

靳山旺（左一）与巴基斯坦官员合影

她羞于启齿，不能轻易对身边的男同胞们诉说呢！其实，纵然她把这令她痛苦的病症告诉她最信任的靳山旺了，这门“大炮”也没有什么绝招的。

尽管宋庆龄受着荨麻疹的困扰，但她还是以惊人的坚强毅力，坚持着访问了巴基斯坦的卡拉奇和拉合尔，接受了两个城市的市长的招待与宴请。

卡拉奇位于巴基斯坦南部海岸、印度河三角洲西部、居莱里河与玛利尔河之间的平原上，南濒阿拉伯海，面积3527平方公里，其中城区面积1821平方公里，是1959年没迁都之前的巴基斯坦的首都，也是全国经济、贸易、金融中心和重要的国际航空交通站及海运港口，是亚、非、欧三洲的交通要冲。

1月29日，宋庆龄出席了卡拉奇市长举行的全市欢迎会。

阿里市长致词说:“中国象征着亚洲各国人民当中的一种要求，使他们各自的国家在国际大家庭中获得一席光荣地位的新的觉醒和新的动力，因此，巴基斯坦是中国最热情的钦佩者之一。”他赞扬宋庆龄是热爱国际和平和社会正义的人们应该效法的榜样。

会上，阿里市长授予宋庆龄“卡拉奇公民权”，并赠送了放在精致银盒中的金钥匙。

宋庆龄感谢巴基斯坦人民给予她的荣誉，并说：中巴两国“都拥有数千年的文化遗产，我们过去是，而且将来永远是和平的邻居”。

这是一个使这个卫士长始终提心吊胆、如履薄冰的问题，每逢宴请，他的神经就绷紧了。

两年多的朝夕相处，再加上上次在国内农村视察时与宋庆龄的约定，靳山旺已与老太太形成了一定的默契。所以，在参加拉合尔等城市市长的宴请时，靳山旺除了始终坐在宋庆龄身边或站在她身后外，还故意装出一副恪守礼节懂规矩的样子，从来不轻易先进食，而是眼巴巴地等着老太太以一种长者的身份为他布菜或让他坐下，然后才逐一品尝与食用。

这正是靳山旺与宋庆龄两人的私下约定：遇到令人不放心的宴请，一律由靳山旺先食用，待五分钟确定安全无事后，方可允许老太太食用。

然而，世界上的任何事情往往不是以哪个人的主观意志为转移的，在巴基斯坦卡拉奇市市长的那场宴请中，偏偏主人家特别热情，同桌的市长大人为宋庆龄布开了菜。

“请孙夫人品尝，这是巴基斯坦用来招待最高贵与亲密的朋友的一道名菜。”市长不但亲自布菜，还笑容可掬地劝菜呢。

这可是使宋庆龄最感到为难的时候了，她倒不是怕人家会在菜肴中做手脚，而是她此时一身通红奇痒的荨麻疹，她感到前胸与后背上的红块块，已开始向颈部蔓延了，这实在是使人坐立不安的事！所以，她实在不想享用那种异国风味的菜肴，她只怕这种菜肴会导致她身上的疾病发作得更严重！

怎么办，这可怎么办？不吃或干脆不碰它们？那可不行！人家正眼巴巴地在一边看着呢，这可是关系到中巴两国人民友谊的大问题；吃吧，却又只怕这菜肴中……

此时此刻，目睹这一切的靳山旺的心中比宋庆龄还要为难，脑海里好像装了一台电风扇，呼呼地转个不停，他必须在这短短的时间中，想出一个两全其美的好办法。好一个机智灵活的靳山旺，就在这关键的时刻当机立断，竟像变戏法似的从身边掏出一个药瓶子，一边当众摆到宋庆龄的餐桌上，一边不无夸张地捋起左手袖管看了看手表，对宋庆龄说道："宋副委员长，您到了该服药的时候了。"

"是吗？"宋庆龄正因不知所措而大大为难呢，现在蓦然听得靳山旺这么说，不由心中一阵惊喜。这时，一边的翻译林德彬也立即明白过来了，抓紧机会对正笑吟吟地等待着宋庆龄享用他的美食的卡拉奇市长翻译道："尊敬的市长先生，真对不起，孙夫人已过了规定的服药时间了，她得马上服药。"

"孙夫人身体有恙，那就赶快服药吧。"卡拉奇市长一听，连忙不无愧疚地表示道。

"这可不礼貌呀。"宋庆龄忍着满身的奇痒，一边从餐桌前欠了欠身，一边歉疚地向卡拉奇市长建议道，"如此美妙的食物，我还没品尝呢。市长先生是否同意我让我的侍从坐在这里代表我呢？"

"同意同意。"卡拉奇市长连连点头表示同意，"孙夫人治

疗要紧，就请便吧。”

就这样，靳山旺机智巧妙地帮助宋庆龄渡过了又一个难关。

巴基斯坦的领土由两个不相连接的部分——东巴基斯坦和西巴基斯坦组成，东西相距1700公里。

1月30日，宋庆龄离开首都卡拉奇到东巴基斯坦首府达卡访问。在达卡机场上，宋庆龄戴上了全巴基斯坦妇女协会东巴分会主席斯·纳·马茂德献上的美丽花环，并发表了充满热情的讲话：“我相信东巴基斯坦人民同样是中国人民的好朋友，我给你们带来了他们的好意。”

2月1日，宋庆龄出席了达卡大学授予她名誉法学博士学位的隆重仪式，她在答词中说：“授予我荣誉学位，在我看来，是你们对我的国家和人民的友谊的象征，深为感激。”

然而，又有谁知道，此时此刻宋庆龄身上的“风症块”，不但已蔓延到了颈脖处，而且已开始向她的左脸部蔓延了，这使宋庆龄不得不换上了那身高领子的上衣，试图遮挡露出颈部的狼狈。经代表团主要成员会议商量，一致决定事不宜迟，尽快告别巴基斯坦。

就在告别巴基斯坦前，宋庆龄还坚持着在巴基斯坦电台里，向巴基斯坦政府与穆罕默德·阿里总理发表了热情洋溢的广播演说兼答谢词：

“亲爱的朋友们：

“感谢贵国政府和穆罕默德·阿里总理的盛情邀请，我能够到贵国来访问。我现在能够有这个机会在卡拉奇同你们谈一谈，我的确感到很高兴……

“虽说我这次在这里的访问时间很短，但是，我对贵国人民的热情和友谊以及你们所给我的殷勤招待已经获得了深刻的印象。从我同你们的总理、部长们和其他著名的公众领袖的面谈中，我得出了这样的信念：巴基斯坦和中国之间的友谊将会而且必须加强。这不能不促进世界和平事业。这一定会对我们两国的繁荣和幸福有所贡献。我们的友谊万岁！”

1956年2月5日上午，已被病魔折磨得不堪忍受的宋庆龄，终于带领着她的高级代表团，乘飞机离开了巴基斯坦的卡拉奇市。

载着中华人民共和国高级代表团的波音飞机并没有直接回国，而是在缅甸国的东枝风景区悄悄地降落了。因为宋庆龄一要在这里治疗可恶的荨麻疹，二是她还要对去年视察时使她很不放心的云南省再次进行一次调查研究，三是东枝距云南昆明很近，医疗条件也不比云南差，这里还有着治疗荨麻疹的医学专家。

第六章　萌生去意

他们的争吵声惊动了一墙之隔的宋庆龄，他们的粗鲁无礼更使宋庆龄生气不已，于是，宋庆龄拉开房门，来到了走廊里，第一次高声大嗓地嚷开了

宋庆龄一行在缅甸东枝风景区休整了十天左右，待宋庆龄的身体状况有所好转后，返回了祖国。

1956年2月12日，宋庆龄一行的飞机降落在昆明机场，住在昆明卢汉曾住过的地方。

但是，强烈的事业心使得宋庆龄马不停蹄，第二天，她就带领代表团全体成员，开始了对昆明市为期六天的视察。

在对印度等国进行国事访问前，宋庆龄一行已于1955年11月28日至12月3日，对昆明市晋宁县上蒜乡的李能农业生产合作社、少数民族的阿拉乡、云南卷烟厂、竹器和五金等手工业合作社以及省会与军区的保育院进行了初步视察，听取了云南省委和省人民委员会的工作汇报。虽然时间比较短暂，但是这次的视察工作却给宋庆龄留下了并不满意的印象。

宋庆龄在昆明市视察，左一为靳山旺

她在那份后来（1956年2月21日的《人民日报》）公开发表的《视察云南省工作的报告》中排列出一串串具体而又详细的数据：

“云南这个有一千七百三十多万人口的、具有优良自然条件的省份是个好地方。可是由于交通不便、工业技术落后，它在经济上和文化上的发展受到了很大的阻碍。例如靠近缅甸的地方，糖只有一角一斤，有些地方的粮食只有三分一斤，猪肉只有两角一斤，但在另一些地方，粮食是一角一斤，猪肉是七角一斤。又如云南的烤烟，在上海是用做纸烟中的香料，而这里全部用云南烟叶做纸烟，还做不出好烟。此外，制糖在云南还不是工业，而是完全用手工制造的。”

在用第一手调查得来的详尽的数据、直言不讳批评云南工业经济落后的情况后，宋庆龄也实事求是地对云南的农业合作化的良好发展进行了表扬：

“在农业合作化运动的发展上，云南省的民族虽然很多，但是它的成绩是令人兴奋的。一九五三年春天的时候，全省只有九个合作社，但是在一九五四年秋天，经过党和政府有组织有计划的领导，仅在一

个月内就发展了九百个合作社。在我视察的时候，全省共有三万五千个农业合作社，占已经实行土地改革地区农户总数的百分之二十九。准备一九五六年秋天发展到百分之七十五，年底做到全省半社会主义化。现在据说在今年春耕以前可以基本上完成半社会主义合作化。”

宋庆龄对云南省的特别关注，使云南省党政领导十分感激，为此，在结束考察准备回北京的前夜，她再次在昆明受到了当地政府的热情招待。但是，由于身体的原因，宋庆龄还是没能出席当晚的宴请。在自己家中，宋庆龄也不必像在国外那样客气了，她直言不讳地谢绝了云南政府方面的宴请，让她的代表团全体成员出席了宴会，同时再次指名让靳山旺代表她在宴会上致词，表示她对云南省政府的感谢之意。

作为一个从战场上冲杀出来的小伙子，靳山旺虽不擅长饮酒，但也不怕酒。酒在中国文化中有悠久的历史，酒在一些重要的场合也是不可或缺的，文要用酒，如李白斗酒诗百篇、张旭醉酒写狂草；武也要酒，如关羽温酒斩华雄、武松景阳岗醉酒打虎。就连国人生儿育女婚丧嫁娶等红白喜事，也没有一样离得了酒。所以，靳山旺明白，有时饮酒也是一种工作与社交的需要，是人际交往中的一项重要礼仪。

但是，今天宋庆龄令他作为她的代表，他可不敢接受，肩头担负着周总理与罗部长的重托，尽管现在已回到祖国，但

他心明如镜，自己肩头的重任一点也没减少，他必须在任一天尽职二十四小时，确保老太太平平安安、健健康康、高高兴兴地过好每一天。

所以，对宋庆龄的命令，靳山旺后来趁单独与宋庆龄在一起时，向宋庆龄提出自己的质疑："副委员长，侬让我代表侬讲几句答谢的话，没问题；但侬要我代表侬喝酒，这可不行。因为侬清楚，我还要保卫侬呢。如果我喝醉了，我还能保卫侬吗？"

这一点，宋庆龄当时倒没想到，她笑了："看我，忘记侬的职责了。"

"勿要紧，侬可以马上换代表。"

"换隋干事？"

"对。只有隋干事最合适，他酒量大，口才也好，应该换他上去的。要勿要我现在去把他请来？"

"勿来事格。"宋庆龄刚想同意靳山旺的建议，转念一想，又不同意了，面露难色地反问靳山旺，"因为刚才我已当着大家的面下了命令了，现在再换隋干事，只怕伊不开心。"

"这有啥不高兴的？我马上去请他来。"

宋庆龄左思右想总觉得不合适，"这样，就算隋干事没意见，人家也要说我朝令夕改的。朝令夕改侬懂吗？"

靳山旺不懂"朝令夕改"是什么意思，估计是与军中无戏言的意思差不多。眼看自己今晚醉酒一场的结果避免不了了，他不由得急了："那，我真要喝醉了怎么办呀？"

“侬勿会少喝点，控制一点吗？”

“我的委员长，侬又不是不晓得我的脾气性格，面皮薄，脾气爽，怎架得住人家省级领导的劝酒呀，如果他们等一会儿知道我是侬的代表的话，会更加热情地劝酒敬酒的！我又怎么能在这种场合丢了侬的面子呢？”

“这个我就不管了。反正，外事访问已结束了，在外国这四五十天里，你也够辛苦了，喝得高兴一点也是应该的。”说完，宋庆龄忙着戴上老花眼镜，审阅一份刚才廖承志送来的文件，不再理靳山旺了。

“委员长侬……”靳山旺了解宋庆龄的脾气，见她已把话说到这个地步了，知道再泡下去也没有用，所以，只好又急又怨地一跺脚，退了出去。

靳山旺的判断没有错，这晚，云南省的党政军三方领导都出席了晚宴，大餐厅里几张圆桌上，早已摆上了几瓶高度数茅台酒。靳山旺一见，头都大了。

宴会开始前，是云南省政府主持的欢迎仪式，云南省领导讲过话后，靳山旺便上了主席台。好在靳山旺事先已遵从宋庆龄之命作了一番准备，写了份发言稿，还请廖承志过了目，所以，这次他没再像上次在印度那样心慌意乱。

欢迎仪式过后，酒宴就正式开始了。

偏偏那个坐在同一桌的服务班长梁慰慈，酒宴一开席，他居然先把满满一瓶茅台酒放到了他的面前，气得靳山旺朝他

干瞪眼说不出话。这时，云南省的省长、副省长一行已挨桌开始轮番敬酒来了。靳山旺一咬牙，一横心：得！今晚自己可算是豁出去了，来个舍命陪君子吧。但愿不要喝醉，留得一半清醒的头脑，做好在临睡前的安全检查工作。

梁慰慈今晚似乎存心要出靳山旺的洋相，一侧手，就给靳山旺的高脚酒杯里倒了满满一杯子，气得靳山旺在桌底下用脚直踢他。

"辛苦了，同志们，先喝一杯我们云南省的接风酒。"省领导们端着满满的酒杯笑呵呵地走来了，其中一位首长还一眼认出了靳山旺，笑着说道："这不是小靳吗？你刚才代表宋副委员长的讲话不错嘛，很有水平，很有水平。来来来，就冲这一点，我就得好好地敬你三杯酒。"

三杯！靳山旺的手都在颤抖了，照这样你三杯我也三杯地敬下来，今晚不烂醉如泥才怪呢！

然而，当靳山旺横下心、闭上眼，一仰脖子把第一杯白酒喝下去的时候，他的两眼直了：白开水？原来自己酒杯里倒的是淡而无味的凉白开！不知什么时候，梁慰慈这家伙竟来了个调包计，把一瓶装满凉白开的所谓茅台酒专门放到了自己的面前！

好慰慈呀好慰慈，这叫我靳山旺怎么感谢你呀？靳山旺被这意外的惊喜搞得心花怒放，不由向一边的梁慰慈投去感激的一瞥。

等首长们敬完这桌转到别桌去的时候，靳山旺不无感激

地在梁慰慈的耳边轻声说道："慰慈，我真心地佩服你，什么时候练得像魔术师一样的本事了？"

梁慰慈惊讶地瞪着靳山旺："什么佩服不佩服的，你应该说感谢才对呀，要不是我帮你换了这瓶白开水，你今晚可就牺牲啦！"

"哼，要谢也得谢老太太，如果不是她命令你，你敢这样帮着我糊弄人家省领导吗？"如果不是老太太的特别关照，梁慰慈说什么也不敢在这种场合弄虚作假的。事实确实如此，刚才靳山旺离开后，宋庆龄就马上把梁慰慈叫了过去，如此这般地作了吩咐。她命令梁慰慈务必做到既不能让靳山旺喝醉酒，又不能让在场的人们认为他没喝酒。这可是个难题，好在梁慰慈聪明脑子活，所以，他急中生智，想出了这么一个两全其美的好办法。

然而，这晚隋学芳的日子就没靳山旺那么好过了，由于他喝的全是货真价实的茅台，再加上他这晚心中不高兴，所以，只顾一个劲地低头喝闷酒。岂料真应了那句借酒浇愁愁更愁的老话，酒刚过三巡，他已喝了个面红耳赤、头晕脑涨……

这晚，待席散人尽回到住地，已是月挂树梢了。等靳山旺按例检查完各房间的安全情况，已是夜深人静了。

靳山旺蹑手蹑脚地回到自己与隋学芳住的卧室时，隋学芳已钻进被窝休息了，床头柜上的收音机里正播放着一曲东

北二人转。靳山旺近前低头一看，隋学芳已经闭着双眼睡着了。于是，他轻轻地旋动按钮，关掉了收音机。岂料，隋学芳故意假寐不理他，还在欣赏他那最中意的家乡戏呢，根本没睡着，蓦然听得音乐声戛然而止，睁眼一看，收音机居然被靳山旺关掉了，于是隋学芳有点不痛快。接着两人就言来语去地争吵起来。

他们的争吵声惊动了一墙之隔的宋庆龄，他们的粗鲁无礼使宋庆龄生气不已，于是，宋庆龄拉开房门，走到了走廊里，第一次高声大嗓地嚷开了。

“不像话，太不像话了！你看你们两人还像革命同志吗？还像吗？”

宋庆龄从来没有发过这么大的火，也从来没发出过这样的怒喝声，当下，两个小伙子被吓坏了。隋学芳连忙跳下床拉开房门，欲向震怒中的宋庆龄解释：“委员长，你听我解释……”但是，宋庆龄气愤地连连挥手：“不要听，我不要听。”靳山旺像尊铁塔似的站在房间中央无所适从，宋庆龄隔着房门瞪着靳山旺，也没给他好脸色看：“大炮呀大炮，你还是共产党员、战斗英雄呢，看看你自己都做了什么啦！”

愤怒中的宋庆龄不顾自己年迈身体有病，居然只披着一件睡衣，就站在走廊里，靳山旺既紧张又担心，连忙息事宁人不再吱声……

连老太太都被惊动了，自知理亏的两个小伙子才没再继续打他们的口水仗。

第二天，靳山旺因忙于公务，所以，没有时间向宋庆龄提起此事，而宋庆龄也没有问他，只是在当天的公务活动全部结束后，宋庆龄才对靳山旺说："大炮，昨天夜里的事体我都晓得了，是隋干事不对，他不该在半夜三更还听收音机。但是，侬也不对，拉起了大嗓门放大炮，像什么样子？要晓得这不是在家里，就算是在家里，侬也不能这样一点修养也没有的。"

靳山旺知道自己错了，当时真不该去接已醉了的隋学芳的话茬儿，所以，他没有再吭声。

1956年也许是宋庆龄国事活动最繁忙的一年，出访回来后没多久，又携全家飞往了上海。自从与隋学芳争吵后，靳山旺一直在心里告诫自己，再不能与隋学芳发生冲突了，人家毕竟比自己先到老太太身边多年呢，纵然我靳山旺再有道理，到时候宋庆龄首先要批评的仍是我。

然而，遗憾的是，靳山旺再努力，但仍无法改变自己那种有事一跳八丈高的大炮脾气。到后来，他居然直接把"炮口"对准了宋庆龄，当着宋庆龄的面绝食摔车门呢！

这又是怎么回事呢？

人们的有些不良嗜好之形成，很可能与平时的无奈不无关系。例如隋学芳的酒瘾，还有当时靳山旺无意中染上的烟瘾。打从出访回国后，靳山旺就有了烟瘾，一俟闲暇无事时，就想抽一支烟解解闷了。这天，靳山旺的烟瘾上来了，他就

来到楼下的花园里点上一支过过瘾，没想到偏偏被宋庆龄发现了。

于是，他被老太太叫到了楼上的房间里。

“大炮，侬勿是不会抽烟的吗？”宋庆龄诧异地望着靳山旺，脸上却笑嘻嘻的。

“我没有哇。”靳山旺还想抵赖。

“侬哪能勿老实呢？刚才我在阳台上，亲眼看到侬把烟头扔掉的。”

“我……我其实是偶尔抽一支，是好白相随便抽抽的。”靳山旺见谎言一下子被戳穿，只好尴尬地搔头摸耳作干笑状，因为之前宋庆龄曾给过他烟，但他都推说不会抽谢绝了。

“我又没批评侬，侬慌什么？会抽烟也不是原则性错误，侬没看见我平时经常要抽烟的吗？”宋庆龄望着尴尬的靳山旺忍不住笑了，从桌上的那听“中华”牌烟罐里拔出一支，递向靳山旺，“来，大炮，陪我抽一支。”

“谢谢。”恭敬不如从命，靳山旺在接过香烟的同时，顺便点燃了火柴，先给宋庆龄点上。

“还说随便抽抽呢，一看侬这夹烟的动作，就知道侬已快成一根老枪了。”宋庆龄一针见血，戳穿了靳山旺的谎言。她一边抽着烟，一边告诉靳山旺，“我原来也勿会抽烟的，只是伊（指孙中山）过世后，我一个人心里闷，就学着抽起了香烟。当时，我还听人家说抽烟能降低血压，其实，这种说法是毫无根据的。现在我有烟瘾了，也就不想戒掉了。只是自

己节制些，少抽些，抽好些。”

靳山旺听了连连点头。

宋庆龄烟龄不短了，解放后，她一直抽的是上海卷烟厂生产的“中华”牌香烟，“文化大革命”开始前后，她就换抽该厂的新产品“熊猫”牌了，偶尔也抽抽“三五”牌外烟。后来，靳山旺专程前去探望宋庆龄，老太太还把香烟作为礼物送给他呢。

且说北京方巾巷的家中，厨房后面有一个小锅炉，负责后勤工作的张友，兼任锅炉工。一天，宋庆龄向靳山旺抱怨说昨晚没睡好，靳山旺问她什么原因，她就直言相告：“这几天夜里不知从哪里来了一只野猫，一夜哇哇地叫个不停，害得我整夜难以安睡。”

言者无意，听者有心。为了让时已六十四岁的老太太能睡上安稳觉，靳山旺当夜注意了一下，果然，在楼下的院子里，不知从哪跑来了一只大灰猫，一入夜，它就开始喵呜喵呜地叫开了。靳山旺知道，这是猫儿在叫春呢，要不，是不会发出这种像婴儿般啼哭的怪叫声的。

靳山旺决意排除干扰。

但光靠他一个人可不行，这猫儿多机灵，爬树上房就像一道闪电，为此，他特邀服务人员张友配合自己捉猫。第二天夜里，那大灰猫又出来骚扰了，靳山旺与张友两人一个前堵、一个后追，硬是把大灰猫追赶得无路可逃，“噌”的一下

爬上了院子里的那棵杨柳树，然后，它借着自己居高临下的优势，示威般地蹲在树枝上，冲着靳山旺他们继续乱叫一通。

这下可把靳山旺他们两人气坏了，张友拿来一根长竹竿，冲着树上就是一阵捅，一竿子正好捅在大灰猫身上。这大灰猫见树上也不是安全之地，便跳下树四处乱窜。也是慌不择路，它竟逃到了锅炉房。这下，它可算是逃进死胡同了，靳山旺他们连忙关上锅炉房的门，来了个瓮中捉鳖。

为斩草除根、杜绝后患，张友一不做二不休，干脆把这只大灰猫扔进了火焰熊熊的锅炉中……

当夜，家中恢复了以往的宁静。

第二天，靳山旺见到宋庆龄，问她昨晚睡得可安稳？宋庆龄满意地回答说很安逸，一觉睡到大天亮。靳山旺见老太太满意了，他也满意了，并不无得意地把昨晚上他与张友齐心追捕大灰猫的故事告诉了宋庆龄。

谁知老太太一听，竟皱起了双眉叹开了气，她不无埋怨地批评靳山旺："把它赶走就可以了，何必又把它扔进锅炉里呢？要知道，它也是一条生命呀！"

1956年7月或者是8月的一天，宋庆龄因公入住上海人民大厦。这天傍晚，钟兴宝阿姨找到靳山旺，对他说："靳同志，主子（指宋庆龄）刚才说了，隋同志今晚吃了药（指安眠药），有事就别再叫他了，一切（指安全保卫工作方面的事）由你做主就是。"

靳山旺知道隋学芳已不知什么时候患上了失眠症，常常整夜整夜地睡不着觉，以致翌日头昏脑涨，不能好好工作。所以，他当时二话没说点头答应了。

当时，靳山旺与隋学芳各住一个房间，所以，那天靳山旺安排好一切事务回到房间后，就一个人美美地睡了个安稳觉。岂料第二天一早，他刚起床，床头的电铃骤响，老太太在那边召唤了。靳山旺连衣服也没换，就穿着睡衣直奔宋庆龄的房间。

宋庆龄已起床了，钟兴宝在为她梳理头发，见到靳山旺，她就一脸愠怒地劈头就问："大炮，昨晚上侬上哪里去了？"

靳山旺一愣："昨晚上我哪也没去，就在房间休息。"

"那么，昨天傍晚兴宝又对侬说什么了？"宋庆龄继续板着脸追问道。

靳山旺还是没明白发生了什么事，想了想，如实回答道："昨天傍晚，兴宝阿姨对我说，隋干事吃药了，一切由我做主，还说这是侬叫她转告我的。就这些。"

"那为什么昨天半夜里汪济普（上海市警卫处处长）还打电话给他，害得他一夜没睡着，今天一早还感到头昏脑涨没精神？"

这一下，总算使靳山旺明白老太太的火气从何而来了，说到底，老太太是批评他没有执行她让兴宝阿姨转告的命令，失职了。

当下，靳山旺心底的冤枉气与无名火，就交织在一起燃

烧了起来。

这实在是天大的冤枉呀！

想到这里，靳山旺再也忍不住，感到胸口那股冤枉气与无名火已把自己给点燃了，于是，他的脸色变了，嗓门也不由又大了："汪处长打电话关我什么事？他隋学芳晚上睡不好又关我什么事？总不见得是我让汪处长半夜里打电话给他的吧？"言毕，他竟拂袖而去了，宋庆龄在身后连着叫他几声"大炮站住"，委屈至极的他只当没听见。

当天的餐厅里，宋庆龄没见到靳山旺来吃早餐，她的心里就不踏实了。于是，她忙令钟兴宝去找靳山旺来吃早饭。可是，钟兴宝回来禀报说，靳同志说什么也不肯吃早饭，还说气都气饱了呢。

吃过早饭，宋庆龄一行准备驱车去虹桥宾馆接待客人。

这时候，身为卫士长的靳山旺才突然像从地下冒出来似的，板着脸出现在那辆苏联产的"吉斯"轿车的前座上。

宋庆龄知道靳山旺的小孩子气又上来了，所以当时没理他。

然而，靳山旺这天的火气特别大，上了车后还顺手用力一摔车门，"砰"一声响，硬把坐在前面的司机刘凤山吓了一个愣怔。

轿车一路前行，很快来到了虹桥宾馆。

原来，今天宋庆龄要接待的是时任中国人民对外友好协会会长的王炳南的德籍妻子、一向被她称做"亲爱的王小姐"

的安娜·利泽。

在舞会上，宋庆龄见靳山旺总是绷着脸不高兴，便指名道姓地对靳山旺说："大炮，去，你陪王小姐跳一曲。"

"我不跳。"靳山旺正在气头上呢，一扭脸，扔给老太太这样三个字。

一曲终了，宋庆龄又笑着向靳山旺建议道："大炮，你那手钢琴学得不错了，去，显露显露。"

"我不会弹。"靳山旺依然绷着脸，一个人坐在那里不动弹。尽管宋庆龄的话没有错，靳山旺这两年中确实已在老太太手把手的教导下，会弹几支曲子了，他的手也正痒着呢，但今天他因心里有气，就是不服从命令。

午饭就在虹桥宾馆里用。

但是，宋庆龄在吃饭时，仍没看见靳山旺。

这下，老太太可真急了。

刚放下碗筷，她就直接找到了靳山旺的房间里。

靳山旺正仰面朝天躺在床上生闷气呢，见到老太太进来，连忙坐了起来，但仍撅着嘴，板着脸，不理宋庆龄。

老太太哭笑不得，坐到靳山旺面前，劝慰道："大炮，你这样就不对了，怎么能不吃饭呢？把身体搞坏了，以后连对象也找不到呢！"

以往宋庆龄和他开这样的玩笑时，他早就乐不可支了，可今天，这样的笑话仍使他笑不起来，只是打闷雷似的一扭脸："吃不吃无所谓，找不找对象也无所谓，乱批评就不高兴！"

其实，这个粗中有细的靳大炮，还在开饭前，就已暗中偷偷地让饭店服务人员把饭菜送到他房间里去了，所以，此时他早已吃饱了。

“唉！”没想到宋庆龄长叹了一口气，无奈地说道，“大炮呀大炮，侬哪能勿想想，我身边一个亲人也没有，我有火不向侬撒，又能向啥人去撒呢？”

寥寥几句话，不由使靳山旺心里陡然一震：什么，老太太把我靳山旺当成她的亲人了？

顿时，“亲人”两个字，直烙向靳山旺的心坎儿，一股暖流涌了上来，刚才还是满腹的怨怼之气，此刻一下子泄了大半。他抬起饱含愧疚的双眸，不无动情地望着面前的老太太，嘟哝道：“可是，可是我有火，也只会、只会向侬发呀。”

乍一听，靳山旺的这句话似乎还在犟嘴，但实际上却已像自知做错了事的孩子在向宋庆龄认错了。就在那天，宋庆龄与靳山旺又订下了一个合约：就是以后他俩不论是谁冲谁发火，谁都不得当真，都要予以原谅，更不能为此赌气不吃饭与发脾气。

就在这一年，靳山旺在陕北的老母亲右胳膊上长了一个瘤子，宋庆龄知道后，不但多次催促靳山旺回家看看，还托人买来了名为“消块散”的中药丸，送给靳山旺，嘱咐他务必尽快带回老家给母亲服用。

尽管宋庆龄对靳山旺像个母亲似的无微不至地关怀着，但这一切都已挽留不了靳山旺的心，他已萌生的去意，随着

与隋学芳的三次矛盾冲突，已渐渐变得坚定了起来。

当然，促使靳山旺作出离开宋庆龄的决定的，还有他当时远大宏伟的抱负，有关这抱负，前面已经说到过，那就是靳山旺一心想到“五大书记”的身边去当卫士长，从而争取在政治上有更快更大的进步。

但是，真动了离开的念头后，他又舍不得了，心里总有种愧疚依恋的情感交织着。

因为通过这两年多来的朝夕相处，他与宋庆龄之间已产生了母子一般的感情，尤其是他不忍心因此而伤了老太太的心。

那怎么办呢？有什么两全其美的、既不伤老太太的心、又能如愿以偿另谋高就的办法呢？

第七章　忍痛离别

“可是，可是这样，我就得、就得暂时、暂时离开侬了。”见宋庆龄信以为真，靳山旺的心中笑开了，继续实施着他“蓄谋已久”的计划

1956年在繁忙的国事活动中过去了。这一年中，有七十

功績登記表之一

部別	政保一中隊
立功等級	三等
功績摘要：	該同志在警衛工作中積極負責，忠誠的工作，兢兢業業的完成任務，[illegible]成績。
填發機關蓋章	[illegible]

立功者簡歷

姓名	原名		年齡	廿
	現名	靳三旺	性別	男
籍貫		陝西省府谷縣	四區三鄉長坳村	
家庭出身		貧農	本人成份	貧農
何時入伍		一九四八年十月	何時入黨(團)	一九五三年十一月
像片		備考		

公安部警卫师颁发给靳山旺的立功证书

多个国家的客人访问了中国，其中包括政府代表团、贸易和文化代表团，以及私人身份来访的朋友。而宋庆龄除了长达两个月的时间出访了印度、缅甸与巴基斯坦外，还于当年的8月15日，访问了素有“千岛之国”之称的印度尼西亚，并在首都雅加达，在苏加诺总统举行的国宴上，发表了热情洋溢的演说。

而靳山旺也因他忠诚地保卫了宋庆龄，出色地完成了周恩来、罗瑞卿亲授的任务，被中央警卫师评为社会主义建设积极分子，荣立三等功一次。

在出访印度尼西亚的十几天时间里，宋庆龄在印度尼西亚华侨欢迎会、雅加达民众欢迎会及印度尼西亚共和国电台等场合，共发表了五场演说，累得她的荨麻疹又发作了。同样，也使靳山旺忙得团团转：因为但凡涉及到宋庆龄一切安全问题的大小事，他都得事无巨细地考虑与安排周到，就连宋庆龄在出访途中走路的节奏快慢、饮食数量与时间，她都会情不自禁地随着靳山旺的眼色行事。在三年多的生死与共的共同生活中，她已与这门忠诚勇敢而又聪敏机灵的“大炮”在无形中形成了一种心领神会的默契。

出访印度尼西亚归来，已是赤日炎炎似火烧的8月了。按常规，宋庆龄带着工作人员回到了上海，在空气湿润、早晚凉快的江南度过夏季。新中国成立之后，宋庆龄总是根据北京与上海两地的季节变换，巧妙地调节着自己的居住地。正常情况下，秋冬季她会居住在上海，春夏两季居住在北京。这

也正好和她的工作特点吻合，因为每年10月1日国庆前，她的国事工作就开始进入了高峰时期。然而，“文革”以前，她却始终以上海为家。她曾经先后对李燕娥与周和康说过：“到北京是上班，到上海是下班。”“我喜欢上海，上海是我的家。”事实确也如此：每次宋庆龄离开上海到北京，周和康送行李到机场、在飞机舷梯旁和她握别时，宋庆龄总会轻声细语地嘱咐周和康说：“周同志，我要去北京开会，家里的事都交给你了，你要谨慎小心，团结大家，齐心协力，做好家里的管理工作。”

宋庆龄把上海作为她真正的家的原因还有：凡是于她有纪念意义的文物，她都要一件件收集起来，珍藏在寓所。但如果需要，她就会一件件地再从寓所搬出去，送到孙中山故居陈列与供人瞻仰。1958年8月26日，她把珍藏在寓所的玉石雕刻摆件“赤壁赋”一件，亲自交给周和康，嘱他交到孙中山故居展出，而且关照务必要小心谨慎地放在客厅壁炉架的正中位置，切勿损坏。过后不久，宋庆龄又把孙中山1922年北伐任大元帅时用过的指挥刀，连木盒一起，令周和康送到孙中山故居，放在餐厅壁炉架左首的琴桌正中位置。

事后，她还专门在李燕娥的陪同下，前往香山路孙中山故居进行检查与核实。

上海淮海中路1843号，墨绿色的大门，银灰色的围墙，四周绿树成阴，三面围绕着40余株高大挺拔、郁郁葱葱的香

樟树。宋庆龄十分喜爱这些香樟树，任凭它们自由自在地生长，甚至不太允许绿化工小王修剪枝叶。这批香樟树枝干挺直，树叶婆娑，一片翠绿，每天早晚，会漾溢出幽幽的清香。据李燕娥介绍，宋庆龄喜爱这批香樟树，是从她年幼时就开始的。那时，在宋庆龄父母所居住的上海市陕西北路 369 号的寓所花园里，有一株香樟树是为纪念她的生日而栽下的，而且是她当时自己种下的，她把照料这株香樟树作为她幼年生活中最大的乐趣之一。

宋庆龄寓所的主楼，是一幢两层楼房，朝南坐北，冬暖夏凉。前面是一大片草坪，绿草如茵，中间两边放着四只花鼓形釉瓷圆凳，既可落座休息，又起装点作用。每当风和日丽、阳光明媚的日子，宋庆龄在繁忙的工作之余，庭院赏花，悠闲散步，常坐在这瓷凳上休息片刻，然后徜徉在软绵绵的大草坪上。这几乎成为了她每天在此活动筋骨、锻炼身体的一个经常性的活动。寓所后面是花园，前后有两个较大的花圃，里面种着她最喜爱的五彩的香水月季花。绿化工小王每天早晨会剪来一捧各色的月季花，交给李燕娥，然后由李姐分别插在楼下客厅和楼上宋庆龄卧室的花瓶里。

站在屋前的大草坪上，人们可以发现这是一幢像一艘乘风破浪的大船样的房子，房子的每扇窗户都是舷窗式的，木制的墨绿色百叶窗上都雕刻着一艘帆船图案。房屋的外墙被粉刷成一片洁白的颜色，干净整洁，使这幢两层楼房笼罩在一片幽雅静谧的氛围中。

在二楼卧室，有四件柚木大家具，一张素色的藤木结构的双人床，大衣橱、五斗橱、梳妆台，是宋庆龄的父母从广东老家给她定做的嫁妆。卧室正中挂着1915年10月她和孙中山先生在日本东京结婚后的合影，室内的单人沙发、条几、八音钟等都是孙中山曾经使用过的遗物，是从孙中山故居搬过来的。

楼下客厅的廊檐下，有个狭长的12多平方米大阳台，一溜排放着藤椅、藤摇椅、藤茶几、藤圆台、铁结构的四方台和木制花架等，几盆绿色花草、盆景点缀其间，其中格外引人注目的几盆兰花，是朱德委员长送给宋庆龄的礼品，被放在大阳台中间。在大阳台东首客厅门口，放有两盆高大的白兰花，每当绽放时，花香扑鼻。每天早餐后，宋庆龄就会走下楼来到该树旁，采摘两朵白兰花，放在上衣口袋里，闻闻白兰花发出的沁人心脾的芳香；每天午餐后，只要是晴天，她一般会在李燕娥的陪同下，在大阳台上散步、晒太阳。

转眼已到了1957年。靳山旺欲离开宋庆龄之意已定，但望着宋庆龄那和蔼可亲的笑容，想着老太太一向待他如母亲一般的慈祥与关爱，他却说什么也开不了这个口。而他自己心中那份对宋庆龄的忠诚与热爱，却与日俱增。

这年的10月1日，隋学芳结婚了，爱人是上海市黄浦区的一名工人。当时，由于隋学芳没有新房，宋庆龄特意腾出上海家中的一间房屋，借给隋学芳夫妇做新房。

深为身边的年轻人终于成家而高兴的宋庆龄，这次又自掏腰包，于10月2日在上海淮海中路1843号家中摆了两桌席，以这对新人的名义，招待了家中所有工作人员与保卫人员。这天，宋庆龄虽公事缠身，但她仍忙里偷闲地出席了隋学芳这对新人的婚礼，并在敬酒时专门问了靳山旺："大炮，你也二十五岁了吧？什么时候能请我吃喜酒呀？"

靳山旺当时一口答应："快了快了，我很快会请侬吃到我的喜糖的。"但聪明人一听就知，靳山旺在回答时，已不为人注意地把一个"酒"字换成了"糖"字，因为这时他去意已决，估计不可能有请老太太喝喜酒的机会了。

但他对宋庆龄的一片忠心却丝毫未减。

一天，上海警卫处一位干部前往北京后海宋宅家中公干，住了两天，与宋庆龄同桌就餐。可是，这位干部吃饭有个连他自己都不觉得的习惯：进食时喜欢咂吧嘴，而且咂的声音还不小。这让一向注重规矩礼仪的老太太十分不习惯。那天他们共进午餐后，宋庆龄皱着眉头对靳山旺说："这个人吃饭时咂嘴，而且咂得那么响。"

靳山旺听了，当时没吱声。但在当天晚餐前，他却轻轻地对那位上海来的客人建议道："×处长，我们不要和老太太一起吃饭了，太拘束。我们另外到厨房间去吃，好吗？"那上海干部不明就里，自是不假思索地答应了。那顿晚餐上，靳山旺为避免客人生疑心，还特意陪着那位上海干部喝了二两白酒。

宋庆龄发现当晚那位上海客人忽然不和自己共进晚餐了，敏感的她立即意识到里面有文章，便趁靳山旺一人时，悄悄向他打探："大炮，怎么昨晚晚餐侬和×同志都不和我一起吃了呀？"

靳山旺一笑，实话实说："我不想让侬再听到他吃饭时咂嘴的声音。"

"侬这个大炮呀！真是粗中有细，鬼点子还真不少呢。"宋庆龄满意地笑了，旋即又担心地提醒靳山旺，"不过，大炮你可不敢因此而给客人留下任何不好的印象呀。"

"侬就放心吧，我让他和我另外吃饭的理由，是要和他畅畅快快地喝两盅。他也觉得和侬一起吃饭太拘束了呢。"

宋庆龄一向非常注重她在社会上的形象与影响，她不愿意给人们一种高高在上、脱离群众的不良印象。这从在她身边工作了多年的周和康的一篇回忆录中可见一斑。

周和康是1956年初经上海市政府机关事务管理局调派到宋庆龄身边担任管理员工作的，长达26年之久。他初到宋庆龄身边担任管理员工作时，仅局限于采购物品与料理家中杂务等事宜，随着时间的考验，周和康渐渐得到了宋庆龄的信任与倚重，开始兼任宋庆龄外事活动的保卫工作。

1960年3月17日和18日，宋庆龄在曹荻秋、沈粹缜的陪同下，视察了上海闵行工业区和吴淞工业区、上海电机厂，并访问工人家庭，还视察了马桥人民公社和张庙一条街。在吴淞她视察了海军舰艇，亲切地询问海军战士的生活、学习

情况。在这次视察中，她轻车简从，平易近人，深入群众，深入田间，还有大队幼儿园、托儿所、妇产院等，处处体现出普通人的一面。在社员座谈会上，她欣然接过社员递上的一杯茶，饮用起来。当周和康根据警卫秘书隋学芳的指示，立即取出随身带来的热水瓶，欲急忙替她调换一杯水时，却被她谢绝。回到家里，她郑重地对周和康说："周同志，以后不论到哪里，请你不要再带任何东西，这种做法影响不好。"

1956年9月下旬，宋庆龄又接到了党中央的特别邀请，列席了中国共产党第八次代表大会，并以一个非党员与副委员长的身份在9月26日的会议上发表了热情洋溢的致词。在这篇只有两千多字的致词中，她还引用了这两年她踏遍祖国山山水水深入调查研究所得到的第一手资料，就当时正在继续发展中的高级农业合作社与企业公私合营化等问题，提出了她的合理化建议，认为"我们应当在这些方面不断加紧努力"。

由于是在自己国家首都参加活动，所以，在这样的环境与场合下，靳山旺轻松多了，他不但无需像出访外国时那样紧张与忙碌，还可以高兴地在怀仁堂会场外那宽大的走廊里，尽情地品尝美味的食品。"八大"会议期间，会场外的走廊里摆了水果与糖饼香烟，靳山旺只要肚皮装得下，他可以在那里大快朵颐，一煞馋虫。

这时，靳山旺去意更坚定了。在不忍主动向老太太开口

的情况下，他甚至希望自己能使宋庆龄讨厌他、主动请他走。所以，好几次，他明知老太太不喜欢身边有人食用带有臭味的大蒜之类的食物，而他却偏偏食用了。

好几次，史良、李德全（冯玉祥夫人）、沈粹缜（邹韬奋夫人）等朋友来看望宋庆龄时，见到了开口一股蒜臭的靳山旺，她们都感到十分惊讶，认为这个卫士长真够胆大，居然在宋庆龄身边吃大蒜，也不怕老太太因此讨厌而驱赶他。李德全甚至就此向宋庆龄"告状"，说您怎么就允许这个警卫员在您面前吃大蒜呢？

宋庆龄听了，只是淡淡一笑，答道："只要对身体有好处，他要吃就让他吃吧。他可是我身边的一门大炮呀。"当时，众夫人都感到了老太太对身边这位卫士长的那种偏爱有加的情愫。

既然老太太不会主动辞退自己，那么，就只得自己设法离开了。进退两难的靳山旺这么想着，就把自己的心事向两位他最信得过的朋友来了个和盘托出，以求得到他们的帮助与指点。

"现在，我把心事都告诉你们了，你们倒是帮我出出主意，我该怎样既使老太太不伤心，而又能回到警卫师重新安排工作？"靳山旺眼巴巴地望着郝若瑜与刘骥平两位领导兼朋友，皱着眉头不无为难地请教道。

郝若瑜与刘骥平素知靳山旺的秉性，知道他一旦认准了的事，九头牛也拉不回。无奈，两人商量了一下，提了一个

两全其美的建议："我们想，你只有借口上军校继续深造，宋副委员长才不会因此而伤心，才会同意你离开她。"

对呀！真是当局者迷、旁观者清呀，自己怎么没想到这一招呢？平时，只要宋庆龄身边的人有进步的机会，她都会一律忍痛割爱、予以放行的，她决不会因为自己的个人私利或好恶，而影响了人家的进步。如果自己以这个理由来遮盖，想必老太太会同意的。但是，上个月军校刚挑去了一批新学员，就是自己现在报名争取，只怕组织上也不会同意。点子有了，但靳山旺很快又陷入了困惑中，因为军校是不会随便在已开学几个月后，中途插进新学员的，就是有这个机会，也得一年半载之后。

但事到如今，去意已决且性子急躁的靳山旺，已顾不得这个问题了，他决定就拿这个借口，以组织上破例招生为由，达到离开宋庆龄、另谋高就的目的。当下，他抓住郝、刘两位为他出谋划策的机会，向两位领导兼朋友提出了几近要挟的要求："这个主意好，老太太那边，我会自己对她说的。只是需要你们两位的配合，万一老太太问起你们来，你们就得假戏真做，至少不得戳穿我们的骗局。"

这不是联合欺骗宋庆龄、欺骗国家领导人吗？当下，郝与刘两人被靳山旺的这一军给将住了，一时目瞪口呆，不知是该答应还是不该答应。然而，没等他们作出回答，靳山旺的第二军就又将了过来："两位领导，两位哥们儿，你们就成全了小弟这一回吧。如果你们不帮助我，我再在老太太身

边干下去，心情只会更不好，只怕你们两位领导也脱不了干系。”

靳山旺这一番话，使郝与刘两位不由面面相觑，点了点头：是呀，这门大炮，他说的这番话倒并非没有道理，真要他继续捺着性子干下去，说不定会出事哪。到时候，他们还是难逃一个教育不好、严重失职的“罪名”。所以，在靳山旺软中带硬的“要挟”下，这两位领导只好将计就计地点头同意了。

有了两位领导的掩护，靳山旺的决心更大了，终于，在1957年年底的一天，他怀着满是愧疚的心情，来到宋庆龄面前，鼓足勇气开了口。

“宋副委员长，最近，组织上，找我谈了，打算把我送到军校去学习……”

“这是好事呀，大炮。”果然，宋庆龄一听就高兴了，“你在我身边提了职，还从我身边送出去读书深造，这也是我宋庆龄的光荣呀！”

“可是，可是这样，我就得、就得暂时、暂时离开侬了。”见老太太信以为真，靳山旺的心中笑开了，继续实施着他“蓄谋已久”的计划。

这倒是一个棘手的现实。宋庆龄刚才光顾着为靳山旺高兴，一时没想到这个问题，不由顿时陷入了困惑中。但是，很快她就说服了自己，还是违心地答应了：“那又怎么办呢？侬还年轻，前途远大着呢，我总不能因此而成为侬的绊脚石呀。

好在读书只不过两三年的时间，是暂时的。”接着，宋庆龄反过来劝慰开了靳山旺，“大炮呀，侬就安心地去深造吧，安心地读书吧。我这里再不方便，也会自己克服的。只是侬毕业后，就马上回来，我等侬。”

“谢谢宋副委员长。”听到这里，靳山旺感动得眼眶都湿润了。

就这样，他如愿以偿地达到了自己的目的。

事后他才知道，当时幸亏他与郝若瑜与刘骥平两位领导串通在先了，因为当天，宋庆龄就打电话给郝若瑜与刘骥平，向他们核实了这个情况。否则，只怕他不但达不到目的，还会从此给老太太留下一个“撒谎作假”的坏印象呢。

老太太内心里十分不舍得这门她喜爱有加的“大炮”离开自己，为此，那天，她特意吩咐厨房的温师傅做了几个拿手菜，在家中摆了一桌丰盛的酒宴，欢送靳山旺上军校深造。当时，隋学芳等几位年轻人，都出席了欢送宴。

在临别的宴席上，好几次，靳山旺与隋学芳的目光不由自主地对在一起，但很快都像触电似的弹开了。隋学芳好几次站起来向这位与之同甘共苦、朝夕相处了四年的小阿弟敬酒，而且每次都是满满的一杯子，并一饮而尽。

然而，离别宋庆龄的愁绪最终还是使靳山旺感到了难言的痛苦与依恋，当晚，他也喝了不少酒。

其实，靳山旺对自己调回部队后究竟能不能担任“五大书记”的卫士长一事还是心里没底，而且当时别说他自己了，

就连郝若瑜、刘骥平这两位领导也不清楚。那么，靳山旺能否如愿以偿呢？他后来的政治前途与个人命运又是怎么安排的呢？

如果说靳山旺当时离开宋庆龄是一时心血来潮，那肯定不准确，实际上，这恰恰是靳山旺的一种自信的表现。遗憾的是，靳山旺回到中央警卫师时，他一心向往的毛泽东、周恩来、朱德、刘少奇、陈云这五位党的核心领导人的身边，早已配备了卫士长，一时还轮不到他呢。所以，靳山旺只得原地待命。直到一个星期后，他才被组织上安排到沈钧儒身边当卫士长。

沈钧儒是浙江嘉兴人，清光绪进士，曾任中国人民政治协商会议第一、二届全国委员会副主席，1956年起任民盟中央主席，是第一届全国人民代表大会常务委员会副委员长。这是一个个子矮矮、美髯飘飘的老人，当时已八十一岁高龄了。他于1909年参与组织立宪国民社，任浙江两级师范学堂监督和浙江省咨议局副议长。1912年加入中国同盟会，曾任浙江省教育司司长、国会参议院浙江省候补议员等职，他是1936年和邹韬奋、章乃器、史良等六位救国会领导人被国民党政府逮捕入狱的著名的“七君子”之一。1949年新中国成立后，他任中央人民政府委员、政务院政治法律委员会委员、最高人民法院院长，是一位德高望重、深得毛泽东等党和政府领导人尊重的革命老人。

撒谎的人总是心虚理亏的，靳山旺更是如此。他借口“上

靳山旺、薛莲花夫妇合影于1958年

军校读书”，使宋庆龄信以为真，从而如愿地离开了老太太。但是，他毕竟是第一次也是最后一次地欺骗了如此喜爱自己的宋庆龄。所以，一想到此事，就不踏实，担心什么时候在北京见到宋庆龄。这样，不但他的谎言不攻自破了，而且更重要的是将使老太太为此感到特别伤心，从而影响他和宋庆龄之间的感情，使老太太不再看得起他。

然而，正应了那句山不转水转、低头不见抬头见的老话，同在首都中央领导层里转悠，又怎么能不见面呢？那次，国务院在中南海勤政殿召开国务会议，靳山旺明知很可能会见到宋庆龄，但作为沈钧儒身边警卫的他，还是不得不硬着头皮护送着沈钧儒去了中南海。

果然，就在勤政殿门口，一手搀扶着沈钧儒的靳山旺，与刚走下“吉斯”的宋庆龄撞了个正着。宋庆龄一眼看见他后，更是不无惊奇地当场问道：“呀，大炮，侬勿是上军校去了吗？怎么在沈老身边工作了呀？”

幸亏靳山旺早有心理准备，见状，他一边迎将上前向老太太请安，一边不动声色地答道：“军校暂时不去了，领导让我先在沈老身边帮几天忙后再去。”

“原来是这样。”宋庆龄信以为真，笑着对沈钧儒介绍道，“沈老，小靳同志是个非常好的同志，当时放他走，我还真不舍得呢。”

“是的，是的。”沈钧儒一边捋着他那把美须，一边满意地点头笑道。

1958年10月10日，靳山旺与爱人薛莲花终成眷属，举行了婚礼。他因不想惊扰宋庆龄，所以没有把这事告诉一直关心着他的老太太。事后，宋庆龄很快知道了，并在又一次见面中，不客气地责备靳山旺："大炮，侬怎么结婚也不通知我呀？"

"我不想麻烦侬呀，宋副委员长。"

"侬这个人呀！结婚是人一辈子的一件大事，怎么能不告诉我呢？"

"嘿嘿！"靳山旺被老太太责备得哑口无言，只会搔头摸耳地傻笑。

就在这年，因刘伯承元帅的原副官汪耀华有病不能工作，靳山旺如愿以偿地实现了自己的愿望：被组织上调配到刘伯承元帅的身边任副官。当时，刘伯承住在南京玄武湖畔的鸡鸣寺，兼任中国人民解放军军事学院院长。

这下，靳山旺可算找到了弥补漏洞的机会，一到南京，他就给宋庆龄去了一封信，并在信中不无"狡猾"地写上了"我现在在刘伯承元帅的身边任副官"的文字。

信是南京寄出的，刘伯承元帅又时任军事学院的院长，靳山旺现在在南京读书深造的假象更逼真了。宋庆龄见信后，再一次信以为真，从心里为"大炮"的进步而高兴。

从此，靳山旺上南京军校深造的概念，就永远地留在了宋庆龄的印象中，直到她过世，也仍这么认为。

这时，步入花甲之年的宋庆龄的身体每况愈下，多种疾病纠缠着她，她不得不请了一位技术很高的男按摩师，每天为她按摩两小时治疗，同时采用冷敷和热敷的方法，治疗右眼上总不消退的麦粒肿。

担任着宋庆龄日常安全保卫工作的隋学芳，这时重任在肩。工作更充实了，他的工作获得了宋庆龄的肯定。好几次，宋庆龄在她给一些友人的信中，都提到这位忠诚的警卫秘书。如她在1957年5月30日致王光美的信中就这么写道：

"亲爱的王光美同志：

兹送上我于1915年10月25日在日本东京和孙中山先生结婚时的照相一帧。还有二张照片是隋学芳同志在上海飞机场所摄的，一并送上，请洽收为荷。"

在给王安娜的信中也多次提到了隋学芳。

这时，隋学芳已生养了三个女儿，大的名为隋永清，老二名为隋永洁。就是永清、永洁这两个天真活泼的女儿，后来不但给宋庆龄的生活带来了快乐与幸福，还在一定程度上转移了宋庆龄对因病长期瘫痪在床的隋学芳的喜爱之情，引发了一些值得回忆的故事。当年，宋庆龄还分别给两个孩子起了Yolando（约兰达）与Jeannette（詹尼特）两个英文名字呢。

“他（指王安娜的儿子黎明。笔者注）喜欢与隋的五岁的女儿在一起(隋已有三个女儿。原信所注)。去年冬天她和我住在一起，叫我妈妈太太。她的音乐天赋很高，酷爱民间舞蹈，富于创新，能走出自己的舞步来；她翩翩起舞时，宛若天仙，还很像我。你收到我寄给你的圣诞卡没有？见到里面附有一张穿朝鲜服的小女孩的照片吗？这就是那个小女孩，名叫永清。她六月一日在北京参加了儿童节庆祝会，穿了朝鲜服表演，出足了风头，凡随身有照相机的人，都竞相对着她喀嚓喀嚓不停地拍照。我没有去，是在电视屏幕上看到这位可爱的小明星的。”

（摘自宋庆龄1962年2月26日于上海寄给王安娜的信文。）

原来，由于隋学芳在短短几年中一下子添了三个孩子，拮据的家庭经济状况不时引发他们夫妻之间的矛盾。这事使一向慈母般关怀着手下工作人员的宋庆龄知道了，所以，她主动承担了帮助隋学芳夫妇抚养两个孩子的义务，而且一抚养就是十几年。

其实，宋庆龄不但关爱着身边的孩子们，还关爱着所有的孩子们。例如刘少奇、王光美的女儿刘平平，她身边的秘书李云的女儿徐平梅，还有靳山旺的儿子靳利平等。

1963年年底，刘平平把自己在学习上遇到的一些困惑等

写信告诉宋庆龄后，宋庆龄就以奶奶的身份，在收信的当天就亲笔给平平写了一封回信：

“亲爱的平平：

收到你十二月二十七日的来信，知道你参加了支援古巴的示威游行，得到了感性知识。又获悉你和哥哥、姐姐、妹妹们在学习上的情况，甚为高兴。你们寄给我的贺年片也已收到，谢谢。

你说对中学生生活还不习惯，成绩不太理想。但是你有信心，必然会逐渐习惯并取得优良成绩。因此，我祝你年终考试成绩优良，学习上不断进步，并祝你的哥哥、姐妹们也这样。祝你和你的哥哥、姐妹们身体好，新年快乐。

宋庆龄

一九六三年十二月三十一日”

又如她在1965年1月18日寄给李云的女儿徐平梅的信中，也袒露了这种慈母般的情怀：

“亲爱的平梅：

你的信及漂亮的手工艺品都收到了。十分谢谢你和姐姐的精致礼物。我患感冒，等好些请你们来

玩玩。

这是一本照相簿，请代送给你的妈妈。另外一些糖果等，你和姐姐、哥哥、弟弟等分用吧。

祝你们好！

宋妈妈

一九六五年一月十八日”

这年的一月，发生了一件使隋学芳深感愧疚与失职的事：宋庆龄在家中跌了一跤，摔断了右腕骨，很长一段时间不能活动，一连几个星期生活不能自理。身为一个全面负责时年已是七十一岁的老太太日常安全的警卫秘书，隋学芳深感不安与失职。可是，宋庆龄不但没有半点责怪他的意思，反而劝慰他。由于钟兴宝与李燕娥两位贴身女佣不懂医术，所以，宋庆龄不得不同意让一位护士照料她。这次宋庆龄的骨折复位很糟，不但使她吃了很多苦，而且还带来了诸多不便。朋友们都力劝她做重接手术，但她没有接受劝告，因为她“不愿再吃一次苦，再受一次罪。未接好的骨头像颗胡桃，怪难看的”。这使宋庆龄又发出了“我们缺少优秀的骨折复位医生”的感叹。

这时，靳山旺已于1960年离开了中央警卫团干部大队，受命来到了河北省石家庄步兵学校学习。从1959年至1960

年，靳山旺以卫队长的身份，先后负责过周恩来总理、刘少奇主席、朱德委员长、陈云副总理等中央领导人的安全保卫工作。靳山旺那丰富的工作经验与泼辣果断的工作作风，获得了周恩来总理的表扬。而这段时间里的靳山旺，虽说不用直接工作在中央首长的身边，但他肩头的担子更重了，他没日没夜地工作着，转悠在警卫战士们的工作岗位上，检查督促与指导，惟恐稍有不慎发生什么安全事故。

1960年至1961年，靳山旺奉命来到河北省石家庄步兵学校学习之前，周总理委托邓颖超在西花厅宴请了靳山旺。席间，邓大姐代表周总理敬了酒，并祝他好好学习，取得优异的成绩。靳山旺不负周总理与邓大姐的厚望，从学校毕业后，被组织上任命为中央警卫团二中队政治指导员，继续负责周恩来、刘少奇、朱德、陈云等中央领导人的安全保卫工作。

“文化大革命”刚开始时，宋庆龄受到冲击的事，靳山旺也有所闻，并为此暗暗担忧，他多么希望老太太能平安无事地躲过这一劫呀！

1963年，在周恩来总理的亲切关怀下，宋庆龄把在北京的家搬到了后海北河沿46号。

风景秀丽的后海北河沿，原是清康熙朝重臣、大学士明珠宅邸的一部分，后为乾隆朝重臣和珅的别墅。清光绪十五年，为醇亲王新府邸的花园—鉴园。1962年改建后，宋庆龄在七十寿辰前住进此宅，从1963年直到1981年5月29日

逝世，宋庆龄在此工作、生活了十八年。

后海北河沿宋庆龄住宅园内湖水环绕，花木成阴。园中原有建筑包括前厅“濠梁乐趣”、后厅“畅襟斋”、侧厅“听鹂轩”、东厅“观花室”，园东曲廊间有一“恩波亭”，曲廊衔接“南楼”，隔着南湖，有原醇亲王花园的“南楼”，楼西边假山上有“听雨屋”、东边假山上有“扇亭”。园内湖称“南湖”，湖畔有鸽子房。园中主楼为二层中西式小楼，1962年新建，宋庆龄一直居住在这里。一楼是小客厅，东墙正中悬挂着孙中山遗像；二楼是宋庆龄的卧室兼起居室和书房，卧室办公桌上放着她日常用的书籍、文件、钢笔和老花镜；西边墙上挂着一幅她与钟兴宝合绣的象征吉祥幸福的“安多利恒”花刺绣，两边柜上，一边嵌着孙中山手书“共进大同”墨宝，一边摆着她1927年访问苏联时与加里宁夫人的合影；卧室东面为宋庆龄书房，陈列着一架黑色的“施特劳斯”牌钢琴。

然而，使隋学芳感到极大内疚和羞愧的，倒不是宋庆龄手腕跌断骨折的事，而是来自一起他的私人家事。

这天下午，隋学芳正在上海家中的办公室里忙碌着，忽然，他的妻子冲到了他面前。

这时的隋学芳夫妇已有了第三个女孩子，家庭经济情况更加捉襟见肘了。他们虽住在宋庆龄无偿提供的房子里，永清与永洁两个孩子还得到老太太无微不至的关照，但他们还经常要为一些家庭琐事唇枪舌剑、摔盆砸碗。这毕竟是在地

位与身份与众不同的宋庆龄家中呀，而且还是在向来喜欢宁静祥和的宋庆龄身边。夫妻俩的争吵声越来越大。李燕娥首先坐不住了，瞪着眼睛踱到他俩的面前，试图制止他们的争吵，但毫无效果。尽管隋学芳东躲西藏避免交锋，但他的妻子仍盯着他不放，以致夫妇俩争吵得差点动手了。

当下，宋庆龄迅速作出了让隋学芳一家搬出上海家中的决定。

宋庆龄亲自指示周和康，联系了距淮海中路1843号最近的与吴新路口交界处的武康公寓大楼，把隋学芳一家安排了进去。

自从靳山旺离开方巾巷后，宋庆龄始终惦念着他。她何尝不想向周总理求援，把这个“亡命之徒”重新调回自己的身边来？然而，当有一次她在会议前遇到了靳山旺，并听说他已担任了周恩来总理的卫队长、调到敬爱的周总理身边工作的消息后，她不得不放弃了自己的这个想法。因为她不愿意因一己私心而耽误了青年人的政治前程。她高兴地连声笑着对靳山旺说“好好好”，并鼓励靳山旺好好干，少发小孩子脾气，争取在政治上与业务上都得到更大的进步。

1966年春季，那场曾给全国人民留下伤痛的“无产阶级文化大革命”已在蓄势待发之中，大有山雨欲来风满楼的迹象。这时候的北京街头，已出现了大字报，并在中央高级干

部中传阅开了江青的一些讲话稿。但心地善良的宋庆龄当时并没意识到一场浩劫即将开始，只是对这位早在延安时就给她留下了不错印象的毛泽东夫人的讲话表示了一定的兴趣。

这时候，靳山旺正奉命在江西省上饶市铅山县石溪公社搞“四清”，被任命为青洲大队副组长。开始，他们对上饶方言一点都听不懂，例如本地人把自己的妻子叫做“老蜜桃”等。由于方言的隔阂，工作一度进展缓慢，靳山旺他们就把学习方言作为他们的第一课。然而，除了方言外，对于他这个北方人来说，插秧也是一桩困难事，到田里劳动时，要把裤腿挽到膝盖以上，而且田里的蚂蟥特别多。所以下田以前，要先在脚上和腿上涂上一层肥皂，这样，蚂蟥就不叮咬了。

8月份，在江西的“四清”工作基本结束了，在回北京路过上海的时候，靳山旺特意在上海下了火车，专程前往上海淮海中路1843号看望了宋庆龄。当靳山旺把在铅山县的所见所闻一一向宋庆龄汇报后，老太太听了哈哈大笑，中午请靳山旺吃了饭，还给靳山旺的两个孩子各送了一套毛衣和数条小手绢。

然而，日历刚翻过去没几页，那场“文化大革命”的真面目已初露端倪，中央政治局扩大会议所通过的“五·一六通知”，标志着一场史无前例的“文化大革命”即将开始。原中央的主要领导人彭真、陆定一、罗瑞卿、杨尚昆等被定性为反党集团。八届十一中全会，毛泽东主席发表了《炮打司令部》的大字报，会议通过了《关于无产阶级文化大革命的决

定》（即十六条），刘少奇排到常委的第八位，林彪从原来的第六位，一下子排到了常委的第二位，陈伯达从政治局候补委员排到常委的第五位，康生原是政治局候补委员，也排到了刘少奇的前面，朱德排到了第九位，李富春排在第十位，陈云排在最后。靳山旺原来听说，毛主席和蒙哥马利谈话后，刘少奇同志是接班人的地位就等于确定了，如此一变，接班人的问题又悬而不决了。当时，靳山旺就感到问题一下子复杂起来了。果然，那把狂热的烈火迅速地在全国蔓延开来，随着“文化大革命”的迅猛发展，社会上的夺权运动高潮迭起，这对中央办公厅产生了极大的影响，一些年轻人聚集到国务院的西门，要求周总理接见，解决他们的“问题”。

“文化大革命”的烈火，不可避免地波及到了宋庆龄的家中。

七十三岁的宋庆龄，遭受到了痛苦的精神折磨与打击。

第八章　后院起火

宋庆龄家被红卫兵与造反派包围冲击的消息，很快传到了周恩来的耳朵里。当天，周总理立即派来了一个加强连，分为三班，日夜守卫与巡逻在宋庆龄家的内外

就在“文化大革命”的烈火熊熊燃烧起来的时候，1967年元旦的第二天，隋学芳出大事了。这天，隋学芳刚从北京回上海，上海警卫处的一位久未见面的领导热情地宴请了他。老友小别重逢，格外亲切，领导拿出了他泡了多年的人参酒，与隋学芳促膝对酌。席间，他俩谈了好多的话，说了好多事，在谈到这场使人不理解的“文化大革命”时，两人都动了肝火。

1966年夏天，先有一些受人挑唆的小学生，以红小兵的名义，纷纷给宋庆龄寄去了建议信。在信中，孩子们要求宋庆龄剪掉她平时常梳理的、带有横S形的“芭芭头”（即中国妇女的传统发式、在脑后挽成一团的发髻），换掉宋庆龄爱穿的中式旗袍与大襟衣衫，还少年老成地把这些说成是“资产阶级的一套”。接着，北京的红卫兵与造反派把“革命无罪、造反有理”、“横扫一切牛鬼蛇神”、“大破四旧，大立四新”的大标语，贴到了后海北河沿宋宅那与卫生部紧邻的围墙上，墨汁淋漓的红底黑字，破坏了人大副委员长家的和谐与安逸。与此同时，又有人传进话来，扬言要对宋庆龄进行“破四旧、立四新（抄家）”，砸碎里面的一切“封资修的残渣余孽”。

更使宋庆龄震惊的是，一夜之间，北京全城出现了“打倒刘少奇”的大幅标语与大字报。这种骤变，使宋庆龄百思不得其解，同时意识到自己终也难逃一劫。

被宋庆龄不幸而猜中的是，“打倒宋庆龄”的口号声，终于隐隐约约地传进了后海北河沿46号，令人惊恐地传到了宋

庆龄的耳朵里。1966年8月25日的凌晨，一群狂热的红卫兵与造反派，终于光临了后海北河沿46号，一时间，围墙外人头攒动，红旗飘扬，口号声震天动地。幸亏东西两扇大门都有荷枪实弹的警卫战士守卫着，红卫兵与造反派们才一时难以冲进来。

但是，情况仍十分紧急，到了上午10时左右，红卫兵与造反派更是如潮涌至，近千人团团包围了后海北河沿46号，还在围墙上架起了高音喇叭。高分贝的吼叫声与毛主席语录歌声，像一股无形洪流，无情地冲碎了宋庆龄家中的宁静，间或，大喇叭里还传来了“把宋庆龄揪出来押上历史的审判台”、“打倒资产阶级的阔太太宋庆龄”的口号声。

当时，红卫兵与造反派那种来势汹汹、杀气腾腾的样子，着实把钟兴宝等几位工作人员吓坏了。

十八岁就跟随宋庆龄的李燕娥毫无惧色，她始终挽袖捋臂地逡巡在家中花园里，徘徊在两扇大门后，站立在宋庆龄左右，本来就长得浓眉大眼、五大三粗的李燕娥，此时此刻更威风凛凛。她整天横眉竖目、面若冷霜，大有与任何胆敢侵入家中的来犯者决一死战的势头。她大大咧咧地拍着钟兴宝瘦削的肩膀，高喉大嗓地安慰道：“勿吓，兴宝，勿要吓！当年老蒋的刺刀子弹我都见过了，还怕这些乳臭未干的毛孩子？谁敢冲进来，老娘不把他的脑袋掐下来才怪呢！”

每当这时，宋庆龄就格外冷静，她甚至面带微笑地宽慰大家：“你们别紧张，别冲动，这些年轻人还不懂事，你们别

当一回事。”

宋庆龄家被红卫兵与造反派包围冲击的消息，很快传到了周恩来的耳朵里。当天，周总理立即派来了一个加强连（原只有一个警卫排），分为三班，日夜守卫与巡逻在宋庆龄家的内外。

为防不测，宋庆龄还令隋学芳关闭了两扇大门，只在紧邻卫生部的那扇东大门上开了一个观察小门。

但是，家中依然难以获得片刻的安宁：警卫连只挡得住狂热的人们，却挡不住嘈杂的高音喇叭声，挡不住红小兵们天真幼稚的革命造反的心情。每天，仍有不少孩子的来信送到宋庆龄手中，翻来覆去仍是那么一个意思，那就是“强烈要求宋奶奶不要再留那种资产阶级的发型与穿那些资产阶级的服饰了”。

每每看着这些笔画稚嫩的来信，宋庆龄只会苦笑着摇摇头，长长地叹着气说：“唉，孩子们不懂事呀，他们可别害了我们的孩子呀！”

一声“他们”，确有所指。

那年，刘少奇主席的夫人王光美同志和孩子们来到宋庆龄家中做客，王光美出于对宋庆龄的敬重，说了一句：“宋副委员长，你是我们国家地位最高的妇女代表。”当时，宋庆龄就连忙摇着头阻止道：“快别那么说，要让她知道了，她会不高兴的。”

王光美与宋庆龄谁都没点名道姓指明那个“她”是谁，但

她俩心中都明白如镜。

这天，后海北河沿的家中来了一位大家熟悉而又陌生的女客人——江青。

江青穿一身草绿色的解放军军装，戴着一副近视眼镜，面带微笑，显得仪表雍容，很有风度。当时，宋庆龄很有礼貌地接待了这位权势在手、炙手可热的“中央文革领导小组副组长”。

“听说宋副委员长近来身体欠佳？主席很挂念，特意让我来看看你。同时，我受主席的委托，来向你宣传解释这场由他老人家亲自发动与组织的无产阶级文化大革命。”江青一落座，便把大腿架在了二腿上，拉开了官腔十足的调子，“希望你能正确理解与对待。”

宋庆龄平静地望着面前这位“共和国的第一夫人”，端庄的脸上甚至带着一丝淡淡的微笑。

17年前，宋庆龄第一次见到江青，是参加开国大典回上海时，当时，毛泽东让江青代表他到前门火车站为宋庆龄送行。两人在一起交谈了不到20分钟。江青当时给宋庆龄留下的是衣着朴素、善解人意的好印象。为此，宋庆龄后来不止一次在不同的场合对别人夸奖江青，说她“有礼貌，讨人喜欢”。宋庆龄第二次见到江青，是在50年代。那次，她在上海家中宴请印度尼西亚总统苏加诺及其夫人。江青曾应邀出席作陪。那天，宋庆龄对江青的举止优雅、态度谦和、服饰得体再次留下了很好的印象。但是，今天的江青却给了她一

种可近不可亲的陌生感觉，已经正式登堂入室步入政治舞台的江青，不管是服饰还是神态，都使宋庆龄分明觉察到了从她身上流露出来的一种不可一世的傲慢骄狂之气。

几句客套之后，江青便话题一转，开始滔滔不绝地讲起“文化大革命”的伟大意义，她的声音又尖又细，听上去有种装腔作势、矫揉造作的感觉，特别是每句话后面的一个字的尾音，拖得格外长，还不住微微颤抖，让人感到了一种歇斯底里的神经质。

宋庆龄依然静静地坐在沙发上听着，虽说她脸上不动声色，但她意识到自己过去对江青实在是太不了解了。就连一边侍立着的钟兴宝，也感到这个女人官架子好大，是她所见到的中央高级首长夫人中最傲慢的一个。

宋庆龄忍不住打断了江青的发挥，微微笑着提醒对方说：“对红卫兵的行动应有所控制，不应使用武力，更不应伤害无辜。”

江青的脸一下子就拉了下来，态度一下子变得冷若冰霜。据当时在场的黎沛华秘书回忆：江青当时似乎感到自己受到了侮辱，红卫兵与她关系重大，她简直不能想像有人会认为整个运动是错误的。而宋庆龄和其他人一样，不喜欢介入政治的江青，当她发现江青热中于权力之争时，她便开始讨厌江青了。

江青走后，宋庆龄一连几天不高兴，沉着脸，不说话。

偏偏在这个时候，从上海还传来了使宋庆龄如雷击顶、五

内俱焚的噩耗：上海万国公墓被上海红卫兵视为埋葬旧社会资产阶级的坟墓，砸了个稀巴烂，而宋庆龄的父母因是蒋介石的岳父母，所以，其坟墓更是没有逃过厄运，不但被红卫兵连棺木都翻捣了出来，还来了个扬尸抛骨。

这天，当沈粹缜冒着风险，把偷偷拍下的被捣毁的宋氏墓地的照片寄送到北京、摊放到宋庆龄的面前时，宋庆龄悲痛欲绝、泪流满面。她悲愤地拉着兴宝的手，呜咽道："每个人都是父母生的，父母生了子女，到了子女这一辈，却眼睁睁看着他们父母的棺材与尸骨被人挖掉了，扔掉了，这叫当子女的心都痛碎了！"

宋庆龄怀着悲愤，连夜向周恩来总理写了一封信，翌日(8月30日)天一亮，就差隋学芳把信送到了中南海的西花厅，向周总理倾吐心中的悲愤与忧虑，请求党中央对她亲人的坟墓予以保护。

周恩来总理获信后，震惊与愤怒使他拍案而起，他一边当即给上海民政局打去加急电话，命令当时的市民政局领导务必在最短的时间里，做好宋副委员长祖墓的恢复与安置工作，一边亲自起草，列出了一份应予保护的在京民主人士的名单。

在这份长长的应予保护的人员名单上，宋庆龄的名字排在了第一位。

总理发话了，虽说当时上海民政局已直接控制在张春桥与姚文元、王洪文之流的手中，但慑于总理的威信，上海方

面不得不根据总理的特别指示，重新修缮了宋氏墓地。但原先墓碑上的宋美龄等兄弟姐妹的名字被删掉了，在重新竖立的墓碑上面只简单地剩下了宋庆龄一个人的名字。但此时此刻，宋庆龄也不好再有过多的要求了，不好意思再去惊扰日理万机、为这个国家操碎了心的周总理。

半个月后，沈粹缜从上海专程送来了修复后的宋氏墓地的照片，宋庆龄久久地凝视着今非昔比的祖宗坟墓，如释重负地长长叹着气说道："祖宗好坏有个地方蹲蹲了。"凄婉之情，溢于言表。

隋学芳他们两人边喝边说，越说越气，气愤与费解使他俩都情不自禁地喝了不少酒。结果，隋学芳因饮酒过量、脑中的毛细血管破裂，当晚倒下，神志不清。

年仅三十八岁的隋学芳居然中风了，被送进医院抢救。数天后，他的一条命算是保住了，但人却爬不起来了：中风后遗症使他半身瘫痪，卧床不起。

消息传来，震惊与惋惜之余，宋庆龄只好向国务院机关事务局紧急报告，请管理局另外派人接替隋学芳的工作。

没几天，国务院机关事务管理局给宋庆龄调派来一位四十岁出头的警卫秘书。本文姑且把他叫做S警秘。

这时，"文化大革命"的热浪日甚一日地灼热与疯狂了，红卫兵与造反派们，每天都要簇拥在后海北河沿46号前，一遍遍地把"打倒"与"万岁"的口号声与像吼叫一般的毛主

席语录歌声，没日没夜地往里面灌，冲着宋庆龄居住的那幢主楼咆哮。

本来就有失眠症的宋庆龄，这下更加难以入睡了，她彻夜难眠、坐卧不安。

无奈，宋庆龄只好亲自下楼坐到了警卫秘书的办公室，派人请来S警秘。

身穿一套当时最时髦的草绿色军装的S警秘，面无表情地来到了贴满了毛泽东与林彪图片的警卫秘书办公室，一屁股大大咧咧地就坐在宋庆龄面前，使老太太的眉头不为人注意地皱了皱。

宋庆龄望着面前的S警秘，目光依然是那么坚定："S同志，外面的吵闹声越来越大了，已经影响了我的工作与生活，你是不是履行一下你的职责，出去管一管，请他们收敛一些，至少，把嘈杂声减低一些。"

"这是外面的事，我又有什么办法？"没想到S警秘竟然两手一摊，说出了这样的话。他似乎发现自己这样的回答毕竟太生硬了些，所以，他旋即话锋一转补充道，"宋副委员长，这可是一场毛主席他老人家亲自发动与组织的史无前例的文化大革命呀！"言下之意，他是不敢做出有违"文化大革命"宗旨的事情来的。

"你可以试着劝阻一下的，或是好好地向他们解释一下。因为整个家中的正常秩序都被这些没完没了的嘈杂声打乱了。"宋庆龄尽量和颜悦色地向S警秘这么说，心里却难过得

快要哭出来了。

"那，我就试试去吧。" S警秘见宋庆龄脸色不好看，只好模棱两可地答应了一句，站了起来。

更使宋庆龄痛心的是，一些原先对她尊敬有加的工作人员，有人露出了势利眼，明争暗斗、开始背叛，更有甚者竟趁火打劫，冲着宋庆龄横眉冷对、白眼相加。

宋庆龄家中后院起火了!

1966年初秋。北京的天依然闷热，不少人似乎都被这异样的高温烤得头脑发昏了。

先是S警秘"以身作则"，一马当先，以紧跟革命大好形势为由，在家中组织与开展了学习毛主席著作的热潮，并制定了一系列严格的政治学习制度，开展了"向伟大领袖早请示、晚汇报"的活动。

这可是全民性的政治学习活动，谁也不能也不敢缺席。

S警秘很想把宋庆龄也拉下二楼，让她一起参加这些政治活动。

但他终于没敢这么做。

于是，他把目光盯在李燕娥与钟兴宝这两个宋庆龄的贴身女佣身上。他认为只有先从她们俩身上寻到突破口，才能敲山震虎，迫使宋庆龄乖乖屈从。

他先找到了李燕娥。

遗憾的是，他的话还没说完，就受到了李燕娥一番狠狠

的抢白："学个什么学？我可是夫人，不，首长私人掏钱聘用的，可不是你们公家的人，你管得着吗？发我工资吗？"当S警秘以学习毛泽东思想是体现一个人革命不革命的态度问题时，李燕娥勃然大怒，把对方骂了个狗血喷头，"革命？我革命的时候你还不知在哪里呢！轮得到你来提醒我？"

S警秘在李燕娥那里碰了一鼻子灰后，仍不死心，又找到钟兴宝。

然而，钟兴宝早有准备，她根据宋庆龄事先的关照，翻来覆去就一句话："我不做主的，只听首长的。"

S警秘只好甩出王牌，引诱道："兴宝阿姨，只要你肯答应我参加这里的政治学习，我可以马上向上面打申请，把你转正为国家干部。"

但是，钟兴宝依然不为所动，并及时向宋庆龄作了汇报。

钟兴宝的及时汇报，终于使宋庆龄发现家中后院起火的幕后指使者原来是新来不久的S警秘。

也许是S警秘受惟恐落后、积极革命、争取"进步"的心态驱使，与宋庆龄毫无感情的S警秘始终是后院起火的幕后策划与指使者。

在S警秘明暗交替的胁迫下，宋庆龄只好睁一眼、闭一眼，忍受S警秘带着几个受他蛊惑的工作人员在家中捕风捉影。

家中的"濠梁乐趣"、"观花室"、"听鹂轩"等匾额、楹联被视作"封建色彩的东西"取了下来，砸碎后送到了厨房

间；宋庆龄挂在居室里的几幅西洋人体油画，被认为是“资产阶级的残余”，扔进了火堆中，换上了毛主席语录；就连铺在楼梯上与楼上居室里的全毛地毯，要不是宋庆龄及时加以阻止的话，也差点被S警秘等人掀起来卷走。这时，宋庆龄最喜欢的小动物—鸽子，也受到了严重威胁，“如果宋庆龄自己不处理”，S警秘就准备动手宰杀了。

这段时间里，家里再也听不到宋庆龄弹奏钢琴的音乐声，看不到她在花园里闲庭信步的身影，放在她卧室唱片盒里的那摞她最喜欢的《可怜的蝴蝶》、《晚安》、《当我们年轻的时候》与《风流寡妇圆舞曲》等一批唱片，也都被她自己塞到了床底下。她的卧室里与床头上，出现了大红塑料封面包装的《毛泽东选集》与《毛主席语录》。

更使宋庆龄伤心失望的，是那几位曾对她俯首帖耳、百依百顺的工作人员的翻脸“叛变”。

当时，在宋庆龄身边有两个女秘书，一是英文秘书黎沛华，一是中文秘书刘一庸。黎沛华是宋庆龄从上海带出来的，已跟了宋庆龄好几年；刘一庸是中国福利基金会派来的，也已跟随宋庆龄好几年。宋庆龄视她们为亲姐妹，平时朝夕相处，无话不谈。就是一天三餐，宋庆龄都请她们一起在楼上用餐。“文化大革命”开始后，S警秘首先把斗争的矛头指向了她们俩。他借口她俩“家庭出身有问题”、有“阶级异己分子嫌疑”，先是阻止了她俩与宋庆龄的密切接近，后是以组织学习批判为名，在内部会议上点名批判了她们俩，要她俩“老

实交代历史问题”。最后，他才开口见喉咙，吐出了他蓄谋已久的目的，命令她俩必须与宋庆龄划清界线，展开坚决的阶级斗争。

面对这种软硬兼施的政治高压态势，刘一庸害怕了，退却了，动摇了，当有一天宋庆龄要她为她执笔写一篇文章时，这位主要处理中文信件的秘书拒绝了宋庆龄的要求。

这事，可从原中国福利会秘书李云在2002年第3期《炎黄春秋》上那篇题为《跟随宋庆龄三十年》一文中得到证明：

> “文化大革命开始后，宋主席对此很不理解。1966年9月或10月间接到她的来信，她告诉我：本来我要刘某某（中福会派给她的一位秘书，主要处理中文信件，英文信件由宋庆龄自己处理）写信，不料她拒绝，我不得不自己写信了。没多久，宋庆龄的原来的秘书黎沛华打电话给我（当时我的电话尚未被拆除）说：夫人（指宋庆龄）非常挂念你，要我转告你，你快快检查工作，只要检查工作中的错误或缺点，就没事了……”

可是，宋庆龄的想法太天真了，当时的李云正在承受着造反派的冲击，处于一种身不由己的境地中，怎能随心所欲地来去呢？所以，眼见黎沛华与刘一庸相继被迫离开了宋庆龄，而李云又失去自由，在百般无奈中，宋庆龄只好亲笔写

信给远在杭州的张钰，召唤张钰尽快回到她身边，继续担任她的秘书。

张钰，1914年出生于杭州，是张宗祥的长女。早在1949年7月，她就接替郑安娜（作家冯亦代的夫人），来到宋庆龄身边担任秘书工作，参加了宋庆龄在上海创办和领导的福利会的工作。1964年，张宗祥因病把女儿唤回到自己身边。于是，宋庆龄另请了黎沛华并接受了中福会派来的刘一庸，接替张钰的工作。

在宋庆龄的紧急召唤下，1967年5月，张钰义无反顾地回到了宋庆龄的身边。宋庆龄见到张钰的第一句话就是："1964年，如果不是你父亲提出调你，我是不会让你去浙江的。"

这位忠诚能干、精通中英文的一代才女张钰一来到，就发现了家中发生的混乱局面：当时，正是那位S警秘在发难，要求宋庆龄跟大家一起吃大伙房的饭菜之时。这么多年来，随着年龄的增长，七十多岁的宋庆龄一直单独吃小灶，已经习惯了。所以，面对S警秘的无理要求，她没有理睬。但是，S警秘的带头发难，影响了部分工作人员。有一天，厨师给宋庆龄做了一条鱼。宋庆龄觉得太大，吃不掉会造成浪费，所以按照原来的习惯，在未动筷之前，把其中的一半令钟兴宝送给身边的一个工作人员吃。岂料，当钟兴宝兴冲冲地遵命把那半条美味鱼端着走下楼，送到那位工作人员面前时，那位工作人员竟勃然变色，居然拂袖而去，并大声嚷道："我才

不吃她那资产阶级的东西呢！”这嚷嚷声，刚好被楼上的宋庆龄听见了，气得她脸色都变了，中饭也没好好吃。一下午，她躺在沙发上，久久没吱声。兴宝问她身上哪里不舒服，宋庆龄说她的胃痛了半天了。

最使宋庆龄生气的是，在S警秘的一再胁迫下，她不得不违心地点头同意了他宰杀鸽子的要求。

张钰刚回到宋家的第二天上午，当她偶然经过楼下的鸽棚时，忽然发现几个工作人员正兴高采烈地在捕捉与宰杀鸽子，鲜血与羽毛飞洒了一地。张钰见状大惊，急上前阻止，责问道："谁让你们这样做的？"那几个工作人员竟理直气壮地回答说，是宋庆龄同意他们这样做的。张钰不相信，急忙上楼向宋庆龄证实。宋庆龄神情黯然地点点头，一声长叹，S警秘要她宰杀鸽子，还说这是资产阶级的生活方式，需要批判。无奈，她只好一赌气，同意了S警秘的要求。

"唉，连这可爱的小动物也遭难了，真是在劫难逃呀！"说到这里，宋庆龄的眼圈红了。

"不行，怎么可以这样做呢！"张钰一听就急了，她知道鸽子是宋庆龄最喜欢的小动物，几十年来，她几乎每天都要前往鸽子棚看望它们，亲自喂它们食，和它们一起说着只有它们才听得懂的悄悄话。所以，一向温文尔雅的张钰，这回却因忠诚与公正而变得执拗倔犟了起来，她一边劝阻着宋庆龄，一边急忙奔下楼，不惜向那几个工作人员"假传圣旨"，制止了那几个工作人员的胡作非为。

就在宋庆龄与李燕娥、钟兴宝这三人势单力薄、难敌四手的时候，张钰侠肝义胆、大义凛然地横空出世，当场震怒了S警秘。他看在眼里，恨在心头，寻思着良策，彻底摧垮宋庆龄的阵营。

就在这危急的时刻，张钰再次挺身而出，果断地与李燕娥进行了密谋，为制止那个S警秘的胡作非为，保护宋庆龄的人身安全与家中的安宁，她们决定事不宜迟，采取非常措施。

那么，宋庆龄要采取的是什么非常措施呢？

第九章　刚柔相济

宋庆龄把对隋学芳的爱护之情，都转移到了他两个女儿的身上了。她之所以不愿意接见隋学芳，是实在不忍看一个才四十出头、风华正茂的年轻人，就此成了一个长年瘫痪在床的残疾人

S警秘在北京家中的所作所为，终于使宋庆龄忍无可忍了，但在她作出对S警秘采取非常措施的决定之前，还是亲自修书一封，把近来发生在家中的一系列令人不快的、有涉

全家人安全的事情，向周恩来总理作了汇报。为确保此信送到西花厅，她特派勇敢的李燕娥巧妙地冲破了大门口红卫兵的封锁，只身携信来到了西花厅。

面对宋庆龄的危险境地，周恩来当即作出了两条决定：一是指示对宋庆龄后海住宅加强警卫，除了由部队担任执勤任务以外，还要公安部、北京市公安局、当地派出所三方密切配合，确保宋庆龄免受外来的冲击；二是抱着惩前毖后、治病救人的态度，决定先礼后兵，先找S警秘好好地谈一次，为他洗洗脑子，使之明白是非好坏，从而使S警秘主动醒悟过来。

但是，那个非常时期的特别国事，忙得周恩来马不停蹄、没日没夜，以致他一天至多只能睡上几个小时，他实在没精力来亲自处理宋庆龄的这件棘手事，于是，他把此事交给邓颖超全权处理，请她代表他们俩，与那S警秘好好谈一谈，务必请他悬崖勒马："小超，你顺便打个电话给宋副委员长，是否请她考虑一下，干脆搬离后海北河沿，搬到中南海里来住。这里毕竟比那里安全得多，也便于管理。此外，你提醒宋副委员长一下，请她千万不要随便离开北京去上海……"

邓颖超对周恩来的指示心领神会，她清楚，现在的上海已完全控制在江青集团的手中，一旦宋庆龄回到上海，肯定会受到更大的安全威胁，到时候只怕党中央也鞭长莫及、爱莫能助了。前不久从上海传来消息，宋庆龄在上海的几位亲戚已面临着江青集团的严重威胁：倪吉士、倪吉贞是宋庆龄

嫡亲的表弟和表妹，而且关系密切，感情很好。她为了保护她们，曾写过很多信给他们，有时一天写两封，主要是关照他们要注意的问题。他们之间的通信主要用英文，但有时宋庆龄故意用中文写信给他们，目的是为了让红卫兵看到这是宋庆龄写来的信。但对时任国家副委员长宋庆龄的信，红卫兵也不买账，在对倪吉士兄妹俩抄家时也一并抄走了。依宋庆龄的脾气性格，她对上海江青集团的爪牙是不屑一顾的，但为了保护表弟妹的安全，她被迫向他们打招呼：我在上海有两个表弟妹，希望关照一下。

岂料，宋庆龄不招呼也罢，一打招呼，反而提醒了江青集团在上海的爪牙们，第二天，他们就抄了他们的家。显然，江青集团及其在上海的爪牙的矛头是指向宋庆龄的。对此心明如镜的周恩来，不得不再次向宋庆龄发出警示。

当天（1967年5月4日），邓颖超就根据周恩来的指示，向后海北河沿46号连打了两个电话，第一个是打给宋庆龄的，原原本本地传达了周恩来对宋庆龄的关怀与提醒；第二个电话是直接打到警卫秘书办公室的，她用简短的一句话，就把S警秘召去了西花厅。

因为邓颖超亲自接见谈话，所以，当时S警秘的心中除了震惊外，还有种受宠若惊的感觉。他静静地聆听着邓颖超的教诲与开导，不时点着头。邓颖超首先声明了她这次是代表周总理与对方谈话的，接着肯定了S警秘忠于毛主席、积极投身“文化大革命”的态度，然后，邓颖超话锋一转，直

言不讳地指出了S警秘这样做是错误的，有把运动扩大化与敌我不分、是非不明的嫌疑。最后，她要求S警秘立即停止一切非职责权限内的做法，痛改前非，切实履行起他应该履行的职责与义务，绝对保护好宋庆龄的日常安全，确保宋庆龄能顺利地为党为人民工作，尽快恢复宋庆龄家中的安详与宁静。同时，她还要求S警秘不但要做好周边工作人员的解释工作，团结大多数同志，恪尽职守，做好本职工作，还要及时制止其他人的一切不利于宋庆龄工作与生活的言行举止，对党中央负责，对毛主席负责，也对他S警秘自己负责。

“宋副委员长是‘文革’开始时我党第一个要保护的重要的国家领导人与民主人士，她曾经为我党和国家作出了巨大贡献。作为中国共产党，必须做好她的一切安全保卫工作。这也是周恩来与毛主席的愿望。我相信你S警秘会立即停止这种错误的做法，回到毛主席的无产阶级革命路线上来。”最后，邓颖超语重心长地结束了与S警秘的一席深谈。

面对邓颖超苦口婆心的开导与劝阻，S警秘当时唯唯诺诺，一口答应了下来，而且果真能在回到后海的一段时间里，做到规规矩矩、老老实实。但是，谁又能料到在后来不到一年的时间里，他竟会把邓颖超的诚恳谈话与周恩来总理向他发出的警告都抛在脑后了呢？

一年不到，S警秘不但故态复萌，反而还变本加厉，闹得更凶了。

有关宋庆龄家中后院起火的消息，传到了所有关心她的

人的耳朵里。1967年5月3日，宋庆龄在得知罗叔章大姐不慎跌了一跤后，特意派钟兴宝代表她前去探望。在探望中，病床上的罗叔章从兴宝嘴中得知了宋庆龄的近况后，十分担忧，当场托钟兴宝带了一些她抄录的大字报与一封亲笔信，让钟兴宝带回后海，交给宋庆龄。这时，聪明的罗叔章已看出后海宋家所发生的一系列后院起火的奥秘所在，她请宋庆龄从这些大字报与江青近来在各种场合的讲话中，发现与寻找隐藏在S警秘身后的阴谋。

罗叔章的危难之处见真情，使宋庆龄很感激。因为1966年国庆节在天安门城楼上，宋庆龄遇到罗叔章，曾要求她，“你要是拿到什么红卫兵传单，给我看一看。我在收集这些传单，好了解形势的发展。”同时，她又对这场刚开始的“文化大革命”持有怀疑，并坦诚地对罗叔章说，“我很纳闷，刘少奇在党内那么长时间了，他如果真是有问题，怎么从来就没有一个人怀疑过呢？”

第三天，宋庆龄在脚痛略有好转的情况下，就提笔给罗叔章亲笔回了一信：

“罗大姐：

你好！

谢谢你给我看的大字报。特别有兴趣的是江青同志一篇讲话。我应当向她学习。

前天听说你跌了一跤，我十分挂念。自己因脚痛

不能去看你，就派钟同志来代我向你问候。我不知道她怎么样和你讲到家事，使你不能正确了解这里复杂的情况。并且从信上看起来，你一定误会些真情。就是×××那人不好，挑拨是非，鼓动服务员起来造反，不肯好好工作等！等你来这里时，我讲详情吧。暂时请不要再去为我麻烦邓大姐了，因为昨天她已叫XXX（即S警秘，笔者注）去谈过话的。这次她费了许多精神来帮我解决一些麻烦事，我真对她不住，因她自己要管许多事，并身体不太好。

祝你身体好！

致

革命的敬礼！

林泰

一九六七年五月五日”

在宋庆龄回信罗叔章后至多半年的时间里，S警秘确实收敛了些许自己出轨的行为，没在家中闹事造反，只是仍机械地组织着家中的工作人员学习政治，学习毛泽东思想。但时间一长，尤其是当他得知宋庆龄当年一手创办的设在上海的中国福利基金会中，有人明目张胆地悬挂出了“打倒宋庆龄”的标语、并把“宋庆龄”三字倒挂起来的消息后，他竟完全彻底地把邓颖超当时的忠告和周总理的警告抛到了脑后，居然再次指示那几个臂缠红袖章的工作人员掀掉楼梯上的地

毯，“取消宋庆龄的一切资产阶级的特权”，迫使她与全体工作人员与警卫人员一样，在楼下排队买饭用餐！

他居然令一个年逾古稀的老人排队就餐！

在S警秘的胁迫下，这一年不到的时间里，宋庆龄已够迁就他了，为了息事宁人，她不顾张钰的劝阻，已把自己的手提包、鞋子和衣料等都一律视为“四旧”的生活物品，交给S警秘，送进厨房中的火炉里了，但没想到这个S警秘还不满意，居然还要翻脸，继续没完没了地胁迫她、折磨她，闹得家中鸡犬不宁。

宋庆龄1980年3月19日写给廖梦醒的信中有两句话可为佐证：

> “很抱歉，我的手提包、鞋子和衣料都没有了，文化大革命迫使我毁掉了所有的东西，我把它们都送进火炉了！”

一向喜爱清静安宁的宋庆龄，并且已经在家中摔了几跤并把骨头都摔断了的垂垂老矣的宋庆龄，怎么能眼看着S警秘撤去给了她人身安全保障的地毯呢？他这样做，与直接公开谋杀宋庆龄又有何异？

在工作人员掀地毯的时候，张钰动了怒，一向温文尔雅的她，平生第一次愤怒地冲S警秘发了火，这才暂时制止了这种荒唐的行为。遗憾的是，此时的S警秘已被那股“誓死

保卫无产阶级革命司令部”的“激情”怂恿得不能控制自己了，恼羞成怒之下，他竟纠集着那几个工作人员，酝酿着在家中正式点火造反，张贴宋庆龄的大字报，“揭发批判”宋庆龄是“美蒋特务”的“反动本质”了。

对S警秘已是仁至义尽的宋庆龄，不得不再次把家中出现的危机密报给周恩来总理。

周恩来总理决定实施一年前暂时搁下的第二方案：对S警秘采取非常的措施！

1968年4月，初夏的北京，已闷热逼人，宋庆龄北京家中的气氛似乎凝固了。由于部分工作人员的罢工，宋庆龄已不得不把二楼卧室隔壁的那间储藏室，改为临时小厨房，她与钟兴宝和张钰三人的一天三餐都在这里自理。

她没有了生活的乐趣，没有了行动的自由，白天，她只能整天与那三份她自费订阅的《解放日报》、《文汇报》与《参考消息》为伍，只好整天翻阅那几本红色的《毛主席语录》与《毛泽东选集》；入夜，她只能与钟兴宝和张钰三人一起呆在卧室里看看电视、说说闲话。偌大的家中，冷冷清清、凄凄凉凉，只有她们三个人面面相觑。

她对S警秘的讨厌已到了忍无可忍、无以复加的地步。

一次，宋庆龄含蓄地把那句成语“无法无天”交给张钰，请她帮助翻译成英文。1976年9月底，富有政治斗争经验的宋庆龄敏感地觉察到江青集团的日子不会太久了，就特意亲笔画了一幅“报晓的雄鸡”送给张钰为礼物。事实上确也如

此，在那段动乱不安的日子里，张钰始终是她最亲密的战友与高级参谋长。

自从周恩来亲自出面阻止了红卫兵冲击后海宋宅后，心存不甘的红卫兵把明枪换成了暗箭，继续向宋宅进行变相的冲击。他们在后海那堵长达20多米的围墙上，大刷特刷革命造反的标语，含沙射影地直指宋庆龄。然而，这里是外国友人经常光顾的地方，它代表着国家的形象，面对红卫兵无休无止的无理取闹，宋庆龄看在眼里，急在心头。

就是这个善解人意且聪明过人的张钰，在觉察到了宋庆龄心中的苦闷与烦恼后，略一思索，便有了一条妙计，她亲自用电话通知了北京与上海两地的警卫班，令他们先发制人，先派人把两地的宋宅围墙粉刷一新，然后抓紧时间抢在红卫兵与造反派的前面，刷写上鲜红美观的革命口号。于是，一夜间，在张钰的指挥下，北京与上海的宋宅围墙上，出现了“战无不胜的毛泽东思想万岁”与“祝伟大的领袖毛主席万寿无疆”等标语。此计甚妙，有了这两幅“挡箭牌”，红卫兵与造反派们果然再也不敢胡作非为、在北京与上海两地的宋宅围墙上乱涂乱写了。

且说这天下午，S警秘结束全体工作人员的政治学习，一个人哼着语录歌走向自己的办公室。刚穿过花园拐进走廊，忽然，一位警卫战士走上前向他敬了个礼，说是有要事要向他汇报。S警秘信以为真，连忙领着那警卫战士走进他的办

公室。岂料，他刚踏进办公室，就从两边跃出两个人，不等S警秘反应过来，那两人已一左一右紧紧地挽住了他的两条胳膊，同时，迅速地拔掉了他腰间的小手枪。

“你们想干什么？”当S警秘看清身边两个人竟是门口的警卫战士后，不由惊慌失措地吼了起来。

“对不起，我们只是奉上级命令，在对你采取非常措施的同时，向你宣布以下两件事。”

“什么事？”

“一是从现在起，你在这里的警卫秘书的职务被解除了；二是请你立即离开这里，去国务院机关事务管理局报到。”警卫战士不慌不忙地答道。

“这究竟是怎么一回事？”S警秘的脸色苍白如纸，愤怒与惊恐使他情不自禁地轻轻颤抖了起来。

“你去了那里就知道了。”

事到如今，S警秘这才感到大事不妙：看来自己在这里的日子已到头了，那两个战士是有的放矢而来的。无奈之下，他只好乖乖地低下了头，灰溜溜地骑上自行车，有气无力地离开了后海北河沿46号。这时候，他好像感到身后的人们都在注视着他，以致他感到了从脊背到脸上都热烘烘地烧起来了。

S警秘被驱逐出后海北河沿46号后，宋庆龄又趁热打铁，撤换了那几个紧跟S警秘造反的工作人员，并公布了一系列她与张钰早就重新制定的内部管理规定与纪律，并把这事通

知了国务院机关事务管理局的军代表。

北京的家中，在历经两年多的混乱后，总算又恢复了往日的宁静与安逸。

这段秘闻，在李云那篇《随宋庆龄走过三十年》一文中有所披露：

> “幸亏警卫局知道后，很快解除了那个警卫员的工作。据说警卫局考虑到这个警卫员随身带枪，如铤而走险，危险性很大。为不出意外，他们通知警卫员去汇报工作，一到办公室，左右两旁出来两人，将他手臂抓住，把他随身带的手枪摘下来，同时宣布撤销他的警卫员职务，另派一名接替他的工作。宋家里的公务员也陆续换去，这样家中就平安了。”

S警秘被驱逐出后海北河沿46号后，国务院机关事务管理局立即派了一位年轻力壮、身材魁梧的汉子，他就是宋庆龄身边的最后一任警卫秘书、时年四十一岁的杜述周。

杜述周，中共党员，1927年3月出生，山西晋城市城区人，他1946年参加工作，曾任晋城县三区副区长，是一个工作踏实、思想先进、作风正派的人。他自1968年4月来到宋庆龄身边工作后，长达十三年。1989年，他从北京宋庆龄故居离休。

靳山旺摄于1967年取消军衔制后

山旺同志：

你好！首先请你原谅我不能早些谢谢你送给我两个可爱，聪明，活泼的孩子的照相。我收到了极高兴！大的像你，小的像妈妈。我一定好好保存起来，时常用放大镜看更加像你！

今年我身体不太好，已经有四个月没下楼！时常关节痛，发生麻痹。近来发高烧，血压高。兴宝有胃肠病，不能工作。理应找~~到一个洗衣服的女同志，可以有时来帮帮忙。~~

这里的服务员同志，特别是小件（?）忙得很，差不多天天要去参加整理房的会，临时来（?）这里的警卫同志也调换了。老钟已退休，他的大儿子下放到青海去了。老刘有病，快要住医院去动手术。

今天就写到这里。祝

你和你全家身体健康！

林泰

1969－4－21

宋庆龄1969年4月21日致靳山旺的亲笔信

这时，那个使宋庆龄每遇到困难的时候就会油然想到的“大炮”靳山旺，在政治前途上和家庭生活中都取得了进步：1968年夏天，他奉命调任中央办公厅政治部党委书记，与此同时，膝下已有了两个可爱的小宝宝——一儿一女：大的叫靳利平，小的叫靳茹萍。

说起这个出生于1960年的大儿子利平，当时他还只有八岁。

一天，他从家对面那个半瞎老爷爷那里讨来了一对小鸽子，欢喜得整天捧在手里不肯放，连晚上睡觉也搂在被窝里。然而，他心爱的鸽子被爸爸看见了，没想到靳山旺看到鸽子就一下子想到了宋庆龄，想到了前年差点让那个S警秘赶尽杀绝的鸽子。于是，他不顾那对小鸽子已是儿子的最爱，好说歹说、软哄硬骗地居然从儿子手中要过了那对小鸽子，然后第二天就亲自赶到后海北河沿，把这对鸽子送给了宋庆龄。

靳山旺始终关注着宋庆龄的情况，想念着这位可当他母亲的老太太。为了报答宋庆龄一向对他的关心与爱护，这天，靳山旺又把一张两个孩子的近照寄给了宋庆龄。

照片寄去不久，宋庆龄的回信就到了：

“山旺同志：

你好！

首先请你愿（原）谅我不能早些谢谢你送给我两个可爱、聪明、活泼的孩子的照片。我收到了极高

兴！大的像你，小的像妈妈？我一定好好保存起来，时常用放大镜看，更加像你！

今年我身体不太好，已快有四个月没下楼！时常关节痛，发荨麻疹。近来发高烧，血压高。兴宝有胃肠病，不能工作。

现在找一个洗衣服的女同志，可以省许多麻烦了。

这里的服务员同志，特别是小张（指张友）忙得很，差不多天天要去参加管理局的会、游行等。这里的警卫同志也调换了。老钟（指钟松年）已退休，他的大儿子下放到青海去了。

老刘（指司机刘凤山）有病，快要住医院去动手术。

今天就写到这里。

祝你和你的全家身体健康！

林泰

一九六九年四月二十一日”

从宋庆龄的信中不难看出，当时，她确实已成功地把家中那个警卫人员撤换掉了。

这也正是靳山旺想知道与核实的，这样，他也就更加放心了。

1969年4月中旬，靳山旺被抽到中国共产党第九次代表大会会务组工作。

在整理材料时，他惊异地发现大会主席团乃至所有代表的名单中，都没有宋庆龄的名字。

靳山旺表面上不动声色，内心里却为老太太着想，但他更担心的是老太太因此而生气不高兴。

5月25日傍晚，靳山旺利用工作的便利，把一大包装有“九大”的政治报告、党章、相关文件及十几枚发给会议代表的毛主席像章带出了会务组，同时还写了一封汇报自己近阶段工作情况的信，一并交给了他最信得过的张友，托他捎给宋庆龄。

也被靳山旺猜了个正着，宋庆龄正为自己受到江青之流的排挤、没有列席“九大”的资格而暗暗生气，为不能及时了解大会精神而着急呢，现在蓦地见这一堆珍贵的会议材料从天而降，不由高兴得笑逐颜开，心里充满了对靳山旺的感激之情：还是这门大炮对我最忠诚，对我最了解。

她连夜仔细阅读了这批材料。

第二天刚吃过早饭，她就伏在案头，给靳山旺写了一封短信：

大炮同志：

昨晚你托张友捎来的政治报告、党章和学习文件、像章等收到了。十分谢谢你！

见信你为“九大”的准备工作忙了一个星期，一定很辛苦了。

送给我的小鸽子已经当了妈妈，过些日子，等我关节痛好些，请你带孩子来看那只鸽子，并且现在的园子有些桃花，树木都有叶子，好看些了。

祝你和一家都身体健康！

林泰

一九六九年五月二十六日”

见宋庆龄为能及时看到这些文件而高兴，靳山旺心里也乐开了花，之后，他又接连几次把“九大”的文件悄悄地弄出来，然后自己忙里偷闲地匆匆送到后海宋庆龄手中。

这时候，自隋学芳瘫痪后，从小就放在宋庆龄身边由她抚养的隋永清、隋永洁两个小女孩，已悄悄长大了。1970年，回上海家中住了一段又回到宋庆龄身边的隋永清，硬是让宋庆龄吓了一跳：半年没见，刚年满十四岁的隋永清已长得比宋庆龄还要高了，尤其是她的两条腿特别长，脚长得特别快，已能穿男人尺码的鞋子了。那天，隋永清下身穿的是她母亲的裤子，鞋子刚够脚，但裤子却因为太短而不能穿了，只好穿一条她爸爸的旧裤子。这一切让宋庆龄看着好心酸，并由此知道了隋学芳现在家中的经济状况实在太糟糕了。

大衍同志：

昨晚你托人捎来的政治报告、党章和学习文件，像章等都收到了，十分谢谢你！

因你为"九大"的准备工作，忙了一个时期，一定很辛苦了。

送给我的小鸽子已经当了妈妈。过些日子，等我关节痛好些，请你带孩子来看那只鸽子，并且现在的园子有些花，树木都有叶子，好看些了。

祝

你和一家都身体健康

林泰

1969—5—26

宋庆龄1969年5月26日致靳山旺的亲笔信

就从那天起，宋庆龄拿定了主意，由她从每月的工资中再扣出一部分，正式开始抚养两个孩子，并直到她们完成学业、踏上工作岗位。

这时，瘫痪在床的刚满四十岁的隋学芳，已凭着他年轻的生命活力，顽强地从床上站起来了，并能拄着拐杖蹒跚走路了。他同样时常在心中思念着宋庆龄，思念着曾贡献出了自己全部青春的工作岗位，在听说宋庆龄回上海家中时，他曾有几次拄着拐杖，艰难地前往淮海中路1843号，想与宋庆龄见上一面，和宋庆龄说说自己的心里话。可是，不知为什么，他明知宋庆龄在楼上，但就是不肯接见他，使他心中好伤感。

这个谜底，当时，廖梦醒与沈粹缜等几位宋庆龄的挚友最清楚。因为宋庆龄在1970年1月25日写给廖梦醒的信中，明白无误地袒露了她不肯接见隋学芳的心事：

> "我从没见到过隋学芳，虽然他来过几次，因为我不能忍受目睹一个年轻人成了离不开双拐的残疾者。但我见到了他的孩子们，她们长得好快。永清已经比我高了，穿着男人尺码的鞋子。她的脚真见长，吓了我一跳！她说，她穿的是她的母亲的鞋，但她母亲的裤子她不能穿了，太短，要不她也会穿上的！"

外人还以为宋庆龄不肯接见隋学芳，是因为她讨厌隋学

芳，实际上，她把对隋学芳的关怀，都转移到了他两个女儿的身上了。她之所以不愿意接见隋学芳，实在是不忍看一个才四十出头、风华正茂的年轻人，就此成了一个残疾人。

从此，隋家两姐妹就成了宋庆龄家中特殊的常客，到后来，她们干脆定居在宋庆龄的身边、接受老太太的抚养了。也是真的有缘，宋庆龄对隋家两姐妹也非常喜欢，这不仅仅是隋永清从小就长得与她相像的缘故，还有永清能歌善舞、美丽可爱，而永洁聪明好学、乖巧懂事的缘故。

有关隋家两姐妹长期住在宋庆龄身边的故事，凡和宋庆龄过从甚密的好朋友，都能从平时与宋庆龄的接触与交往中略见一斑，甚至还能从宋庆龄给他们的信中得知一二。可见，宋庆龄对隋家两姐妹的喜爱之深。

1960年，一个才四岁、一个才两岁的隋家两姐妹，就已经依偎在宋庆龄身边，给老太太单调孤寂的晚年生活带来了许多乐趣。有时，家里来了客人，宋庆龄就请永清为客人唱歌、跳舞、弹钢琴。好几次，周恩来来后海做客时，还高兴地用左右手牵着两姐妹的小手，带她们去花园散步，希望她们长大后成为有用之才。周恩来的随行摄影师用手中的相机，留下了这永恒的瞬间。

宋庆龄在1960年4月26日写给李丽莲、张淑义两位的信中也写道："另附上隋学芳同志的小女隋永洁（五个月时拍的）照片一张。我认为这张照片很好，谁看了都会喜欢的。因此，我建议这张照片是否能在六一国际儿童节时，作为《中

2004年5月，靳山旺与张友合影于北京宋庆龄故居花园中

国妇女》的封面或插图刊登。请你们和《中国妇女》杂志社商量一下。”字里行间，毫不掩饰地流露出了宋庆龄对这两个小女孩的喜爱之情。

十年动乱开始了，隋家两姐妹不能正常上学读书了，隋永洁甚至连上中学的机会也没有。宋庆龄就在家中，利用她娴熟的英文，亲自教授永洁学习英语，学习最基础的文化课。两个孩子偶感风寒，宋庆龄还冒着被人认出来围观的风险，亲自带着她们到国际和平妇幼医院去看病、取药。

靳山旺从江西归来看望宋庆龄时，形势已有所好转，永清与永洁已恢复了正常上学读书的生活，而且宋庆龄已根据她们的特长，安排她们学习将来可以立足谋生的专业技术。宋庆龄1974年8月26日给王安娜的信中，就已提到了这事：

> “……站在我后面的两个女孩叫永清和永洁，正在学医和芭蕾舞。两个姑娘很有趣，父母在上海。我喜欢与她们在一起度周末。”

在宋庆龄1975年3月30日致沈粹缜的信中也写道：

> “……永清及永洁每星期来，住在我处。前晚和永清去看《万水千山》话剧，永清在那剧中表演。”

如果说宋庆龄对隋家姐妹的爱是从隋学芳的不幸上转移

而来的话，那么，她对靳山旺这门“大炮”的感情，却是直接而又特别亲切的，这可以从靳山旺1973年无辜受牵连被“打倒在地”、“发配江西”时得到证明。

1973年春天，正值事业巅峰的靳山旺突然遭到闷头一棍，使他一下子从一个中央办公厅政治部党委书记跌落为被监督劳动的对象，这场泼天大祸究竟是从何而来的呢？

这场莫名降临到靳山旺头上的飞来横祸，要从1970年的庐山会议说起。

中国共产党的九届二中会议是1970年8月23日在庐山召开的，原在开幕式上没有安排林彪讲话，但林彪突然抢先发言，为设国家主席大造声势。陈伯达打印和分发马克思、列宁论天才的语录。林彪、陈伯达在会议上坚持要设国家主席，毛泽东坚决不同意。汪东兴在华北组有个发言，也同意陈伯达设国家主席的报告；而时任中共中央办公厅副主任兼政治部主任的少将王良恩，也在东北组作了个同意设国家主席的讲话。

这份著名的六号简报很快让毛泽东看到了，毛泽东立即把汪东兴叫过去，神情严肃地劈头就问：“看到六号简报了吗？”

“看到了。”当时，汪东兴还没意识到问题的严重性。

毛泽东接着说道：“他们讲六号简报影响很大。”并严厉批评了汪东兴，责令他在大会上作检讨。汪东兴为此向党中央作了检讨，毛泽东还把那份六号简报定性为“反革命的六

号简报”。

九届二中全会上出现的政治斗争，在中央办公厅内部引起了震动，特别是在“九·一三”林彪出逃坠机事件后，中央办公厅副主任兼政治部主任王良恩的自杀，是发生在中央办公厅内部的一件大事，也是“文革”中一件不寻常的事。

1973年1月，中共中央办公厅召开党委扩大会议时，责令王良恩就庐山会议上同意设立国家主席的发言与六号简报作检查。因为王良恩在庐山会议期间主持着会议记录和简报的编辑工作。

当时，身为中共中央办公厅政治部党委书记的靳山旺，也参加了此会。会议一共开了五天，有人揭发王良恩反对江青、康生。汪东兴就此作了检讨，但他始终说这个六号简报登了他的发言，却没有在印发前经他本人看过，而且把一些不是他说的话拉在他的头上。于是，一手遮天的江青大笔一挥，在批判王良恩的简报上作出了“他危害党中央，危害毛主席，在中央办公厅落井下石，陷害汪东兴，企图篡夺党的机要大权”的批示。江青的批示使王良恩不再属于“受蒙蔽上当”的角色，而是“荣升”为“林彪的死党”。

在江青作出批示的第二天，王良恩便在住宅里的卫生间上吊自杀了，可怜他才年仅五十四岁！

在批判和揭发王良恩的时候，由于靳山旺没有参加庐山会议，所以，他始终没有发言。于是，专案组一伙人就认为靳山旺是为王良恩出谋划策、篡党夺权大做舆论准备的狗头

军师，对王良恩设国家主席的建议“百依百顺”，对靳山旺进行了为期五个月的“揭发批判”。就这样，靳山旺无辜受牵连，被打发到江西去劳动改造了。当时，靳山旺痔疮严重发作，连大肠都露出来了。他向办案人员提出要求，能否推迟发配江西的行程，容他治愈后再走，可恨的那一伙人冷酷无情，根本不予理睬。

1973年那个寒气逼人的春季里，靳山旺忍痛挥别了妻子儿女，离开了北京魏家胡同15号，单身一人去了江西。

1973年到1978年，靳山旺在江西省进贤县中央办公厅“五七”干校“劳动改造”了整六年！典型的“打倒”与“落难”了。

然而，就在靳山旺处于风雨飘摇的关键时刻，宋庆龄根本不怕受牵连，一如既往地写信给他呢！

“大炮”同志：

谢谢你的信，昨天才收到的。因会（为）我去年11月回上海来试打血管针，在1971年我发高烧，一个女大夫就给我服了24粒的过敏性药片，使我两年痒得不能好好工作，每天要擦油膏，吃药都不能彻底治好这病，虽然看了许多医生。我吃尽了痒痒的痛苦！后来我决定回上海打血管针，让体内的余毒都排出。这种针每天要打2小时半，现在刚打了一个疗程。皮肤虽然有些好转，但须（需）要休息。针都打

"大碗"同志：

谢谢你的信，昨天才收到的。因为我去年11月回上海来试打血管针。在1971年我发高烧，一个女大夫就给我服了24粒的过敏性药片，使我两年痒得不能好好工作，每天要擦油膏，吃药都不能彻底治好这病，虽然看了许多医生，我吃尽了痒痒的痛苦！后来我决定回上海打血管针，让体内的余毒都排出。这种针每天要打2小时半，现在刚打了一个疗程，皮肤虽然有些好转，但须要休息。针都打在两只手背上，所以指都肿了，不能多写字。请原谅。

希望你一家都健康，新年快乐！

等我好些再给你信。

林泰

1973-1-1

1973年1月1日，宋庆龄致靳山旺的亲笔复信

在两只手背上，所以筋都肿了，不能多写字。

请愿（原）谅。

希望你一家都健康，新年快乐！

等我好些再给你信。

林泰

1973年1月1日

是的，还有谁比宋庆龄更了解靳山旺的呢？出身贫农、对革命赤胆忠心、对毛泽东与共产党无限忠诚的靳山旺，是决不会做出什么反党的大逆不道的事来的。

宋庆龄绝对相信这门正直无邪的“大炮”，她只为靳山旺发配江西后，他的一家老小怎么办而发愁。当时，靳山旺的两个孩子还都齐桌沿高呢，他的第三个小儿子靳卫平还在襁褓之中呢！

宋庆龄为靳山旺一家的处境深深担忧着。

好在靳山旺的儿子靳利平已是十五岁的少年了，他已初识文墨，能应宋庆龄的要求，不时把北京家中的情况写信告诉宋奶奶了。

宋庆龄尽自己最大的力量帮助着靳山旺一家，她不但亲自写信给靳利平，鼓励与安慰他们母子，有时还硬从自己有限的工资中扣出几十元寄去，给予靳山旺经济上的援助。

有时，宋庆龄公务缠身或身体欠佳，来不及回信靳利平，

就委托张钰代表她回信：

小靳同志：

你二月六日写的信和附来你弟弟的照片都已收到。

首长近来气管炎发作，健康没有复原，让我们给你写回信。等复原后再自己写信。她知道你爸爸和妈妈的健康情况，表示关心并希望他们早日恢复。

祝你一家春节快乐！

一九七五年二月七日

信尾盖着一枚鲜红的公章，上面是“宋庆龄副委员长住宅秘书室”的字样。

这时，靳山旺正在江西省进贤县中央办公厅的“五七”干校埋头劳动着，接受着这种特殊的肉体惩罚，接受着命运对他的人生所进行的又一次灵魂的洗礼。进贤县离南昌40公里，气温比南昌还高，中午时分，水稻田里的水被太阳晒得烫脚板，温度计放在阳光底下，马上就升到了极限，人们开玩笑说，把玉米饼子贴到墙上都能烤熟了。进贤县的天气还特别怪，一过中午，风就好像被老天爷收起来似的，连轻柔的柳条都纹丝不动。人在无风的闷热中就像在蒸笼中一样，

小靳同志：

你二月六日写的信和附来你弟弟的照片都已收到。

首长近来生病，健康没有复原，让我们给你写回信，等复原后再自己写信。她知道你爸爸和妈妈的健康情况，表示关心并希望他们早日恢复。

祝

你一家春节快乐！

一九七五年二月七日

1975年2月7日，宋庆龄住宅秘书办公室致靳利平的复信

靳山旺在江西农村“劳动改造”时的留影

即使是躺在床上不动，汗水仍然浸湿了竹凉席，浸湿了床板，滴淌到地下。哪怕你再困再乏也会把你一次次热醒。在烈日下干活，汗水更是不断地从全身每一个毛孔里往外涌，水刚喝下去，马上就从汗毛孔里淌了出来，湿透了衣裳，贴在身上非常不舒服。所以，干活时大家都不穿上衣，而是将白色的布尿素袋拆开，像披风似的披在肩上，并戏称为“五七战袍”。就在这样的情况下，靳山旺在“五七”干校劳动了整五年。靳山旺百思不解、痛苦彷徨，他实在不理解自己何以一下子变成了革命冲击的对象，他始终不明白自己错在了哪里。但他从来没有提出抗诉，为自己叫过一声冤、喊过一声苦，因为此时此刻的他已从心里看清了江青一伙的真实嘴脸，明白了他们要借“文化大革命”达到不可告人的目的。尤其一想起含冤九泉的王良恩等一大批领导与战友，他的心绪更平静了，他相信总有一天会云开日出，让历史与事实洗刷掉蒙在自己身上的不白之冤。

后来的事实证实了靳山旺当时的分析与判断：尽管王良恩在1973年被江青集团定性为“反党分子”，党的十一届三中全会后，党中央很快就为他平反昭雪了；靳山旺也终于在1981年获得平反，回到家乡继续为党为人民工作。

在进贤县劳动改造的时候，当时干校有规定：凡是劳动改造，两年才能回家探一次亲。所以，靳山旺在1975年，才获准回北京探亲。这一天，被阳光晒得黝黑的靳山旺带着自己劳动的成果，终于踏上了回北京的路程，但是，心中装着

宋庆龄的他在中途路过上海时，特意下了火车，专程前往上海淮海中路1843号。这两年中，他几乎每天都在思念着宋庆龄，怀念着当年他在宋庆龄身边工作的那五年幸福的日子，并同时为自己当时少不更事冲撞宋庆龄的往事深深地愧疚着，为老太太的健康担忧着，被她的政治命运牵挂着。

身材魁梧高大的杜述周以前见过靳山旺，所以，二话没说就把他迎进了主楼，示意他可以上楼去见宋庆龄。

宋庆龄刚起床，端坐在卧室的沙发上。她穿着一身睡衣、趿着一双拖鞋，甚至银白的头发还有些凌乱。八十二岁的高龄与多种疾病的困扰纠缠，使她显得有些老态、身体臃肿，甚至连面部也有些浮肿了。

"宋副委员长。"望着行动举止已有些迟钝的宋庆龄，站在门口的靳山旺刚喊出这么一声，便喉头哽咽、视线模糊了。多年不见，老太太竟变成这样了，真是岁月不饶人哪！靳山旺一阵心酸，挎着大包小裹站在那里怔住了。

"大炮？呀，大炮，侬来啦！快进来呀。"宋庆龄缓缓地从沙发上转过脸，并用双手用力撑住沙发扶手，努力地往起站。靳山旺见状，连忙踩着地毯走进卧室，伸手按住了老太太。

"别别，您别站起来，快坐下。"

"哟，还带这么多行李？"

"这些是我亲手种的花生等江西土产，带来一些给您尝尝。这些是我的衣服用品。"

“这么说，侬还没回家？”

“没有。”靳山旺实话实说，“因为我想侬，就先来看侬了。”

“侬这个大炮呀，还是那个脾气。”宋庆龄显然感动了。

“在江西吃苦了吧？”宋庆龄眯着一双老花眼，笑吟吟地端详着对面的靳山旺，“看看，人都黑了、瘦了呢。”

宋庆龄的这句话，一下子说到了靳山旺的心坎上，触动了他的心事。顿时，他鼻腔一酸，两眼竟蓄满了泪水。他好像一个在外受到别人欺侮的孩子刚回到长辈的怀抱里似的，满腹的委屈与冤枉，使他有种想痛哭一场的感觉。但为不使老太太看了见笑，他强忍着偏过脸，不让泪花流下来。

“哟，老坚强的一个人，哪能现在变得这样娘娘腔了？”偏偏宋庆龄哪壶不开提哪壶，故意以一种轻松的口气，像以往那样与她的爱将开起了玩笑。

这时，兴宝端着刚沏的一杯绿茶走了进来，老同事相见，自是一番亲热与寒暄，不在话下。

这天上午，靳山旺与宋庆龄说了好多好多的心里话，使他感到这是他自结识宋庆龄以来两人说得最多的一次话，就连后来留下来与宋庆龄共进午餐时，他们还絮絮叨叨地互相叙说着。在这次长谈中，宋庆龄也毫无保留地把这么多年来家中发生的一切乃至她的心里话，都事无巨细地告诉了靳山旺。在提及家中那段不堪回首的折腾时，她甚至叹着气，几次不无嗔怪地埋怨靳山旺说：“大炮，当时侬要不走留在这里

就好了，我也不会受那些惊吓了。”

菜依然是那么几个家常菜：雪里红烧鲫鱼、炖鸡蛋与一碗罗宋汤，但为欢迎靳山旺的到来，这天，宋庆龄还特意令钟兴宝开了一瓶葡萄酒，他们一老一少两个人，就这样促膝对酌了好半天，直到饭菜都凉了才离席。

这天，靳山旺在辞别时，宋庆龄还送了他两条当时中央内部特供的“熊猫”牌香烟，靳山旺至今还记忆犹新：一条是长包装的，一条是方盒子包装的。靳山旺还要与宋庆龄客气推让，反被老太太笑着嗔怪了几句：“勿要和我假客气了，这么多年，侬这根烟枪呀，早变成老枪了！”

在这次长谈中，靳山旺知道了不幸的隋学芳的近况，还知道了宋庆龄兼任着抚养他两个女儿的事。这不由使他深为老太太的善良与细致而感动，明白了宋庆龄把对隋学芳的欣赏与同情，都转移到永清与永洁身上去了。他知道当时宋庆龄一月虽有500多元的工资，但她还要承担着李燕娥、钟兴宝两位的工资，还要承担着永清姐妹俩在北京求学生活的一切费用，他不由为此而担心。所以，当时宋庆龄要给他30元贴补家用时，他说什么也不肯接受了。

但是，靳山旺没想到宋庆龄在事隔多年后，竟又把它寄给了靳山旺。

靳山旺同志：

接三月六日信，知最近情况，现送三十元备用。

靳山旺同志：

接三月六日信，知最近情况，现送三十元备用。

由于接济一些人，帮助他们读书，经济上不允许我多事帮助。这是可抱歉的。

此祝

近好

宋庆龄

一九七九年三月十日

1979年3月10日，宋庆龄致靳山旺的亲笔复信

由于接济一些人，帮助他们读书，经济上不允许我多事帮助。这是所抱歉的。

此祝

近好！

宋庆龄

一九七九年三月十日

随着岁月的流逝，不知不觉中隋永清已长成一个十七岁的大姑娘了，她那亭亭玉立的窈窕身材与漂亮端正的面庞，就像一朵含苞欲放的出水芙蓉一样美丽，这为她后来终于如愿以偿、直到今天还在《洗澡》等影视剧中担任重要角色奠定了基础。

在宋庆龄给隋家姐妹的好朋友致信中，她情不自禁地赞誉永清姐妹俩：

“永清和永洁目前正回来过周末。她们很高兴听到你的消息，还要我向你转达她们对你的礼物（美国的金色八音琴和笔）的谢意。永洁现在在外国语学院念英语，已三个月了。她希望很快就能自己用英文给你写信。她是一个很懂事、很用功的女孩子。永清仍在学舞蹈。她不幸摔了两次，双膝受到重伤，须动手术。但她不认输，仍然坚持把舞蹈作为她终身的职

业。不过她永远不可能成为一个出色的芭蕾舞演员了，她的双腿遭了那么大的罪！我很为她难过，希望她改学别的专业。”

“收到你的来信时，永清和永洁正在我房里，她们很兴奋，就像是收到了你给她们的信似的。她们问道，你为什么不回来度假，同她们一起在我们住宅前的大湖里游泳。”

（以上摘自宋庆龄分别于1977年7月3日、24日致拉维那的信。）

过了没几天，宋庆龄又在这年的8月10日致高醇芳（与宋庆龄有密切关系的重庆企业家高士愚的女儿迪安娜）的信中，也提到了永清和永洁两姐妹：

“去年，我和两个年轻的‘被保护人’（指隋永清与隋永洁——笔者注）住在北京饭店，那里挺舒适，偶然会感到有点摇晃，我能泰然处之……约兰达（隋永清的英文名字）二十岁，正在这里上芭蕾舞学校。詹尼特（隋永洁的英文名字）十八岁，进了外国语学院学英语。她们的父母都在上海。父亲已瘫痪十年了，所以我在照顾她们。你会发现她们很有趣。也许有一天你会回来，教她们绘画。她们

会喜欢你的！”

不过，在隋永清与隋永洁这对姐妹中，妹妹隋永洁似乎更使宋庆龄感到满意与喜欢。这从她1978年4月7日致高醇芳的信中可以见到：

“上个月我们的人民代表大会开会，有四千名代表出席。我参加了有的会议，甚至还参加了两次在晚间举行的讨论会。所以我觉得精疲力尽了。走廊很长，走起来很累，所以，年长的代表们都坐轮椅。但我坚决不坐，让一个年轻姑娘詹特尼（我的被保护人）用她有力的手臂搀着我。她很机灵，只要一见到有摄影记者在给我们拍照，她马上很快地抽回她的手臂，这样看起来我好像是自己在走，没有人搀扶！”

然而，鸟儿长大了，总有一天要自己飞翔的。1979年5月中旬，隋永洁要出国深造、前往美国的特尔尼蒂大学求学、离开宋庆龄了，这使年已八十八岁的宋庆龄感到了惆怅与依恋。这在她分别给廖梦醒与沈粹缜两位的信中都有明显流露：

“前些日子我工作非常忙，还要为永洁去纽约做准备。她将进入哥伦比亚大学的预科。她很幸运地得

到了奖学金。她想打电话让一个朋友到旧金山去接她，但是在东京机场找不到能打长途的电话……现在她终于抵达纽约，和一个她在这里的同学一起上课。她是个有责任感的女孩。我想她回来后，会成为一个很好的翻译，一个能令我自豪的人。”

“永洁拿到了奖学金，已于五月初去纽约读书了。我为了她花了不少钱，用来做衣衫等等。”

至于姐姐隋永清的婚事，宋庆龄似乎并没有像对她妹妹一样。这可以从她1980年7月14日致沈粹缜的信、尤其是同年9月3日致廖梦醒的信中可以明显看出来：

“亲爱的沈大姐：

您的信及送给永清结婚的贵重礼物都收到了。您实在太客气了！这么多样及新式的产品，大家看到都呆了！暂时，杜同志管了礼品。等永清看到了，让她自已给您写信。

这里天气很热，希望八月一日不这样热！永洁天天代她姐姐去找新房的家私。如果没有永洁在大力的帮忙，我要急出病来了。永洁很聪明，也在各方面找过我。

永清的新房要到11月才可搬进去住。现在还不

知道那两间的大小，所以买家具还是只好估估。”

“我亲爱的永清于八月一日下午四点钟在我家快速而简朴地结婚了。我不想打扰朋友们，所以事先没有告诉你（指廖梦醒——笔者注）。只是办了一个简单的茶话会，请了几个亲近的朋友。她穿了一件白色的中国旗袍，看上去很漂亮。她在不少求婚人中挑选了一个比她的年龄大得多的男人。我并没有反对她，因为这毕竟是她的生活。他们住在十八层楼的一套两居室里。电梯晚上九点钟就停运了，所以他们发现有很多困难。每天上晚班到凌晨三点钟，在劳累一天之后，还得爬楼梯到十八层！我希望他们十一月份能搬到离我近一点的地方。她的家具也都是二手货，但是两口子用已经足够了。”

相对来说，宋庆龄对她身边工作人员的下一代所注入的热情与爱护，要比一般人浓厚得多。1977年春天，宋庆龄因病回到上海治疗。年轻的靳利平遵照父亲去江西前的关照，不时写信给宋奶奶，代表他们全家表达对宋庆龄的思念之情。这次宋奶奶回上海后的身体情况究竟怎样了？今天已是大年初一了，应该把新年的第一声祝福送给宋奶奶。所以，1977年2月7日一清早，靳利平第一件事就是写了一封信给宋奶奶。

因身体的原因，宋庆龄于3月14日病情稍微好一些后才动笔回信：

靳利平：

二月七日写的信收到了。感谢你们一家对我的春节祝贺。

我现在在上海治病。希望回到北京后看到你们。此致好意并祝你们新春好！

林泰

一九七七年三月十四日

1978年，刚粉碎了“四人帮”的神州大地，万物复苏、万象更新。

就在这年，靳山旺结束了在江西进贤县农村长达六年之久的劳动改造。但是，极左思潮的阴影，仍笼罩在他的头上。这年5月，当他从中央警卫团转业时，中央办公厅政治部在他的转业证明上明白无误地写上了“不准分配到党政机关，只能分配到工厂”的字样。于是，靳山旺只得怀着一肚子的冤枉与辛酸，携全家告别北京城，回到了家乡陕西。陕西省政府把他安排在西安新华印刷厂，任命为该厂的党委副书记、副厂长。然而，明眼人一看就知，靳山旺从此已退出了政界，“四人帮”反党集团蒙在他身上的污垢仍没彻底洗清。

靳利平：

二月七日写的信收到了。感谢你们一家对我的春节祝贺。

我现在上海治病。希望回到北京后看到你们。 此致好意并祝你们新春好！

林泰

一九七九年三月十四日

1979年3月14日，宋庆龄致靳利平的亲笔复信

但时年只有四十五岁的靳山旺从没放弃过他心底那种尽力为宋庆龄工作的愿望，哪怕是到了远离政坛的基层。所以，他一到新华印刷厂工作，就及时地写信向宋庆龄作了汇报，并寄去了当时厂里正印刷着的一些政治书籍。他知道，宋庆龄对这些信息最关注。

因为这次从江西调回北京、又从北京返回家乡陕西，一切都是上级安排的，所以，行程紧迫、行色匆匆。回到家乡后，他对宋庆龄的思念与日俱增，他多么想把自己的一切情况再次向老太太一吐为快呀！

此时此刻，靳山旺越发怀念自己当年在宋庆龄身边工作的日子了，那五年不到的时间里的每一天，都是那么的幸福与高兴，遗憾的是，他再也没有这种幸运了。为此，他甚至有点羡慕那个现在工作在宋庆龄身边的杜述周了。

那么，杜述周在宋庆龄身边又工作得怎么样呢？

第十章　迂回斡旋

杜述周无暇浏览这座“人间天堂”，而是一路颠簸，踩着崎岖的乡间小道，与几位身穿军装的解放军战士一起，来到了位于太湖边的顾金凤家中，假作一群偶尔路过的驻军战士，

对正在绷子上飞针走线绣花的顾金凤进行暗中考察

杜述周受命顶替了S警秘的职务，调任宋庆龄身边担任警卫秘书时，正是江青集团登峰造极的时候，极左思潮严重干扰着人们的正常工作秩序与生活轨迹。在这种特殊的非常时期，究竟是迎合江青集团之流落井下石、向江青集团邀功讨好、飞黄腾达呢，还是顶住邪恶逆流，凭着自己的善良与正义感忠实地执行自己的使命、有效地保卫宋庆龄、维护宋庆龄家中的安宁与平静？对于这个大是大非的问题，杜述周根本没有多想，当即以自己做人的基本准则作出了决定。

但是，既要马儿跑，又要马儿不吃草；既要不得罪江青集团，又要巧妙地实现自己的初衷，难哪！在那个全国一面倒的狂热的形势面前，自己左一点、右一点都不行，都可能得罪江青集团，自己由此遭到打击报复、打回山西老家还是小事，不能有效保卫宋庆龄才是大事呢！万一自己真的因此而离开宋庆龄、人家卷土重来的话，宋庆龄岂不要再吃二遍苦？

已年逾不惑的杜述周，竟然在这个问题上被难住了，陷入了苦苦思索之中。就在这时，邓颖超一个直接打给他的电话，使他豁然开朗：邓颖超在电话线那端明白无误地阐明了他此行肩头所担负的特别重任，还帮助他分析了当时他所处的大环境与特殊地位，解释了S警秘之所以被强行撤离宋庆龄身边的原因，接着，邓颖超对他寄予了殷切的期望与重托，

宋庆龄为马海德祝寿于北京家中，后站立者为杜述周

她相信杜述周这个心地善良、人品高尚的国家干部，自会很好团结家中的所有同志，圆满地完成周总理交办的这个任务，准确而又巧妙地对付一切外来的不正常的干扰。最后，邓颖超给杜述周交了底，她希望杜述周有事多向宋副委员长汇报，碰到问题多与周边的同志们沟通，在遇到实在难以解决的困难时，可以通过宋庆龄直接找她与周总理。

邓颖超的这个及时打来的电话，顿时使杜述周一颗悬在半空的心落回了原处，胸中有了主心骨，紧皱了多天的眉心舒展了。他只是保留了S警秘当时的政治学习制度，除了每天组织全体人员学习毛泽东思想与政治时事外，其他的一切乱七八糟的东西一概予以摈弃。同时，他不管大会小会，都一再强调"团结"二字，强调"三要三不要"（要光明正大，不要搞阴谋诡计；要搞马列主义，不要搞修正主义；要团结，不要分裂），弦外有音地督促与警示全体人员心无旁骛地做好各自的本职工作，一如既往地尊重宋庆龄，服从警卫办公室的命令与指挥，不得有任何越轨的言行。

1972年，紧张的政治气氛有了较大的缓和，这也与中央大多数老干部被打倒、很少有合适的人选担任外事接待工作有关，所以，宋庆龄开始接待更多的外国来访者，包括美国的《纽约时报》主编索尔兹伯里。这时，索尔兹伯里发现宋庆龄虽年近八旬，但仍"像我们想像中那样漂亮，充满活力……光彩照人，非常机敏，脸上几乎没有皱纹，看起来气色很好，难得那样健康"。

这应该与杜述周替换了那个S警秘之后的宽松和谐的环境大有关系。

但是，富有斗争经验的宋庆龄，从没有为此盲目乐观，她在1975年11月7日致廖梦醒的信中就直率地表达了她对江青的认识：

> “至于××，她是个自私的人，只是想利用我，但又企图不断地用谎言来使我相信她是我‘真正的朋友’。”

果不出宋庆龄与邓颖超所料，当时，江青集团阴损宋庆龄之心依然阴魂未散，1972年冬与1973年春，因患肠粘连与高血压长期卧床不起的保姆钟兴宝，终于成为了上海的江青党羽“排除异己”的借口。本来与上海市机关事务管理局革命委员会毫无关系的钟兴宝，成为了他们第一个驱赶的对象，他们竟多次派人来到淮海中路1843号，指令杜述周驱赶钟兴宝，接收他们另外派来的女佣。为息事宁人，也为了更好地保护宋庆龄，杜述周无奈接受了他们的指令，并经与宋庆龄私下密商，采取将计就计之策，暂时请兴宝回老家苏州木渎休养一段时间，同时，试用新女佣。

望着卧床不起的钟兴宝，为了能让她回到老家后，在木渎医院当医生的儿子尤顺孚的直接医治与照顾下尽快康复，宋庆龄只好忍痛割爱，接受了杜述周的建议。

1979年，杜述周与李燕娥合影于上海宋宅楼下

1973年3月8日，钟兴宝在从木渎专程赶来的儿子顺孚的陪同下，掩面辞别了宋庆龄。临行前，宋庆龄塞给她一千元钱，说道："兴宝，侬回苏州去住一程吧，这点钱，给侬看病用。唉，伊拉要侬走，我也没办法呀。"说到这里，宋庆龄的声音哽咽了。

钟兴宝前脚刚走，由上海市机关事务管理局派来的那个新保姆就上班了。因她毕竟是上级机关派来的，再加上她的主要工作就是接替钟兴宝照顾宋庆龄，所以，杜述周尽管心里不踏实，也只好眼睁睁地看着这个他完全陌生的文盲大嫂上了二楼。

然而，真应了那句有比较才有鉴别的话，这个文盲大嫂与钟兴宝阿姨相比，真是天壤之别了。她破例一下子就来到宋庆龄身边后，干起活来毛毛糙糙、粗手粗脚，不是昨天刚打碎了宋庆龄专门托安娜从国外带来的小镜子，就是今天"哗"的一声把一盆水全打翻在卧室中，硬是把地毯浸了个透湿。幸亏当时李燕娥因患了静脉曲张症，走路很困难，不在眼前，要不，她不被李燕娥骂个狗血喷头才怪呢！

使宋庆龄忍无可忍的事终于发生了。

那一阵，宋庆龄忍着病痛忙碌了几天刚写好一篇文章，就放在书房里。当晚临睡前，她提醒那新保姆：不要整理书桌。然而，第二天当她因病晚起了一个钟头、来到书房准备继续她昨天没完成的那篇文稿时，却发现其中最后一页怎么也找不到了。书桌就那么大，文稿也就放在那里，怎么会不翼而

飞呢？肯定是那个新保姆不知把它弄哪里去了！因为能上她二楼的除了张钰外，只有这惟一的一个女性了。然而，昨晚临睡前，宋庆龄还再次关照新保姆不要整理书桌的呢！

“阿妈，阿妈！”宋庆龄又气又急，用上海话招呼那个同样是上海人的新保姆。

连叫了几声没人应，宋庆龄不得不蹒跚地走向书房门，打算再把声音放大些，然而，她还没走几步，书房门口就无声地出现了那个新保姆，硬是把宋庆龄吓了一大跳！这个不懂规矩的新保姆，竟连应都没有应一声，就踩着地毯无声地上了楼。

“啥事体？”她居然还如此没有礼貌，连“首长”两字也省略了。

“我放在书桌上的一页纸头到哪里去了？”宋庆龄压住心头的不快，皱着眉头问道。

“啥纸头？勿是都放在那里吗？”新保姆指了指书桌以反问作回答。

“可是，我找了半天了，也没找到我要的那张纸头，就是写了字的压在最底下的那张纸头。你把它弄到哪里去了？”宋庆龄还是忍着气，尽量平心静气地询问对方。

“早上，我理了理台子的，顺手拿这点纸头放一放好的。我可一张也没弄掉呀。怎么会没有的呢？”新保姆可能意识到问题的严重性，这才开始上前弯腰俯身地寻找了起来。可是，她找了一会儿也没从桌底下找到一点纸屑。

“昨天，我叫侬不要动我的书桌的，可是侬……”眼见最后一页文稿当真不翼而飞，被那新保姆弄丢了，宋庆龄气得连话都说不囫囵了。

“我是好心，见侬的台子上堆得一塌糊涂，所以就整理了一下……”新保姆明知错了，还犟嘴。

这样的人还能用？幸亏是一页并不十分重要的文稿，如果是国家机密呢？这还不闯了大祸吗？宋庆龄又气又急，当天就通知杜述周，请那位新保姆走了人。

这时，多种疾病缠身、年逾八旬的宋庆龄，日常生活已很难自理，身边已几乎一天都不能没人了。张钰再勤奋，她毕竟有自己的工作，不可能顶替兴宝的家庭杂务。于是，杜述周连忙向上海市机关管理局重新要人。

没几天，又一个新保姆来报到了。竟是一个满口鲁中方言、走起路来摇摇晃晃、慢慢吞吞如蜗牛似的、长着一双粽子样的小脚（想必是小时候缠过小脚的）山东大娘！这种连自己恐怕也难以伺候的人，还能为宋庆龄服务吗？

宋庆龄哭笑不得，所有见到她的人也都忍不住掩嘴窃笑。

可是，杜述周却一脸难色，悄声地向宋庆龄汇报说：“首长，管理局说了，她是一个警卫员的妻子，政治上可靠，家务活干得不错的。我想，既然这样，我们也就再试试吧。”

为不得罪管理局革委会的领导，宋庆龄只好硬着头皮接受了那位小脚山东大娘。但愿她当真能干好家务活，接过兴宝留下的那摊子工作。

管理局革委会领导的介绍倒没有假，这位小脚山东大娘虽说行动不便，但干起家务活来却不含糊，洗衣扫地都能胜任，尽管她不会烫衣做饭干细活，但为宋庆龄梳头更衣也在行—因为她自己也从小到大就梳“芭芭头”的。

在这个极左的年代里，宋庆龄只好将就一些了，决不敢让自己的“小资情调”太浓了。

然而，没过两个月，那小脚山东大娘就开始不安分了，她先是偷懒使乖少干活，宋庆龄吩咐她干的活，她不是磨磨蹭蹭干上老半天，就是推三托四、不分轻重缓急，到了晚上，她更是赖在宋庆龄的卧室里，盯着那台黑白电视的屏幕不挪窝。更使宋庆龄啼笑皆非的是，这位小脚山东大娘还特嘴馋，宋庆龄搁在那里的一些话梅、牛肉干什么的，她趁宋庆龄不在眼前，就毫不客气地拿着往嘴里塞……

这段时间里，杜述周与宋庆龄一样提心吊胆，惟恐这个小脚山东大娘接下来再闹出什么笑话，也怕她自己不慎从楼梯上滚下来。

使杜述周比宋庆龄还要着急的是，当时宋庆龄身上的荨麻疹严重发作，身上长满了无数樱桃那么大的红疱，头顶上也因此而大量脱发，尤其是当他知道这位小脚山东大娘的种种不规矩后，他还不能随时往楼上去，不能对她进行突击检查与教育，因为宋庆龄早有规定在先，任何男性不经她同意均不得擅自上二楼，除非警卫室里那代表着宋庆龄的专用紧急电铃骤然响起来。

当然，面对这窘迫境地，宋庆龄自也不会听之任之，她在日益思念钟兴宝的情况下，与张钰多次商量，保持着与远在苏州的钟兴宝的联系，她们期望着兴宝尽快养好身体，早日归来呢！

一番鸿雁传书后，1973年5月5日，宋庆龄终于向钟兴宝发出了召唤令："有可能来上海一个礼拜吗？"于是，钟兴宝不待病体痊愈，在接到宋庆龄的这封来信后，一人来到了上海淮海中路1843号。然而，钟兴宝"上当"了，她这一回来了，就不是一个礼拜两个礼拜的事了，而是宋庆龄的命令"再也不要离开我了"。

杜述周见到钟兴宝，这才长长地松了一口气，悬着的心才落回了原处。

从此，钟兴宝便真的再也没有离开过宋庆龄，直到她1981年与世长辞。

然而，兴宝的病体始终没痊愈，她经常要卧床不起，不能工作。于是，兴宝把家乡的那位外甥媳妇介绍到了宋庆龄身边，这就是后来被宋庆龄与邓颖超亲昵地唤做"阿金"的顾金凤。

不过，顾金凤毕竟不是政府指派的人员，尤其是在那个政治挂帅的年代里，杜述周更是轻易不敢启用。为此，事先他曾亲自出马，两下苏州，来到吴县农村光福公社舟山大队顾金凤家中，对这位兴宝阿姨亲自介绍与大力推荐的农村妇女进行了现场考察。

上有天堂，下有苏杭。苏州是一座有着两千五百年历史的文化古城，它以其旖旎的自然风光、丰饶的物产资源、众多的文物古迹、精湛的园林胜景及传统的水城风貌与纯朴的民情风俗而驰名海内外。然而，公务在身，总是有着强烈的事业心的杜述周无暇浏览这座“人间天堂”，而是一路颠簸，踩着崎岖的乡间小道，与几位身穿军装的解放军战士一起，来到了位于太湖边的顾金凤家中，假作一群偶尔路过的驻军战士，坐在顾金凤的客堂中，围看正在绷子上飞针走线绣着花的顾金凤。

时年三十七岁、膝下有着五个阶梯高的孩子、不幸中年丧夫的顾金凤，以她的纯朴和善和心灵手巧，很快通过了杜述周的暗中考察。杜述周回上海后，把考察所得如实向宋庆龄作了汇报。宋庆龄一听，当即脸上露出了满意的微笑：“苏州人，我就喜欢苏州绣娘。粹缜的娘娘（姑母）沈寿就是苏州的一个有名的绣娘，当年她绣的花还被当做礼品，送给慈禧太后，还在世界博览会上得过金奖呢！”

所以，当杜述周第二次也是最后一次考察时，公文包里已带上了时任上海市革命委员会主任马天水写给吴县革委会头头的亲笔信，与当地公社、大队办理调动手续了。

杜述周的考察果然准确，顾金凤来到宋庆龄身边后，很快以她出色的工作获得了宋庆龄的首肯，并比介绍她进门的舅婆还要先吃上“皇粮”，成为了由机关事务局发放工资的正式职工，而且一直到宋庆龄逝世后还留在孙中山故居继续

工作。

其实，顾金凤吃上“皇粮”，也是有违宋庆龄本意的，因为宋庆龄当时的500多元工资，实在是不够李燕娥、钟兴宝两人的工资及一些日常生活开销的，她只得给国家“增加些负担了”。

家中的生活总算稳定了，但江青集团对宋庆龄的干扰却始终没有停止过。1976年1月，于1967年被迫停刊的《中国妇女》杂志总算在宋庆龄的强烈抗议下复刊了，但是，试刊第一期，就又受到了江青集团的无理干涉，使得宋庆龄义愤填膺，并第一个为他们下了“可怕的四人帮”的定义。

这恐怕是全国发出的第一句对“四人帮”的怒吼声，因为这时候距1976年10月6日粉碎“四人帮”还有九个月的时间。

《中国妇女》是宋庆龄长期以来一直予以密切关注的一份全国性妇女杂志，它创刊于1949年10月，当时，毛泽东曾先后为中国妇女第一次全国代表大会和《中国妇女》杂志创刊号题了词，号召全国妇女“为增加生产，为争取民主权利而奋斗”、“团结起来，参加生产和政治活动，改善妇女的经济地位和政治地位”。从那时起，中国妇女杂志社就一直在党中央的亲切关怀下，在蔡畅、邓颖超和康克清三位大姐的领导下进行工作。但是，1966年“文化大革命”开始后，由于江青集团的干扰与破坏，被迫停刊。直到1976年1月才复刊。当时，敬爱的周恩来总理不幸逝世，中国妇女杂志社编辑部

的同志们怀着极其悲痛的心情，特赶制了周总理的遗像和邓小平同志致的悼词作为插页，以表哀思，却被江青集团强令抽掉了。这怎不使宋庆龄义愤填膺，继而感到与江青集团的斗争还在继续？

她就是在那个时候为江青集团下了“四人帮”这个定义，并准确地预测江青集团终将多行不义必自毙：

> “是的，我真为邓大姐感到骄傲！她看上去比以前年轻了，好看了。也许现在她认识到生命是不能永恒的。
>
> 每个人都在分担她的损失，除了‘可怕的四人帮’以外。
>
> 只要时机一到，他们必将得到应有的惩罚。”

“杜同志，我又要去上海了，因为那里有急事要我处理。北京家里的事就都交给你了。有事，仍按原来的方式联系吧。”宋庆龄受不了北京江青集团的飞扬跋扈，也“迫切地需要从我们最近遭受的震惊和痛苦中解脱出来（见宋庆龄1976年2月24日致爱泼斯坦一信）”，一办完公务，就又准备回上海去了。

为保持北京家中的平安，也为了能及时获得北京的政治动态，宋庆龄要求杜述周常住北京家中，让李燕娥常住上海家中，从而好让她安心工作。经过多年的考察与接触，这时

候，宋庆龄已从内心里接受了杜述周，并把他视为自己的亲密战友。因为杜述周已用他的忠诚与敬业，消除了宋庆龄心中的疑窦或偏见。

事实确也如此，自从杜述周接任后，北京家中安定团结，人际关系和谐，再没有发生因政治因素造成的令宋庆龄不愉快的事。

1976年是中国发生许多大事的一年，也是使宋庆龄深为悲痛与快乐交集在一起的一年。这一年中，中国失去了三位重要的革命领导人和人民共和国的缔造者—1月份是周恩来总理，7月份是朱德总司令，9月份是毛泽东主席。宋庆龄在杜述周的护卫下，参加了这三位巨人的追悼会，这令她很悲伤；但使宋庆龄快乐的是，江青集团终于在这年的10月毁灭了，兑现了当年宋庆龄对他们的预言。

宋庆龄终于可以扬眉吐气、笑逐颜开了。

她与保姆们围坐在一起，整整吃了一面盆的大闸蟹，还不顾身上的荨麻疹，喝了一杯葡萄酒；她邀请杜述周一起参加她从小就喜欢的藏蛋游戏；她更多地出现在各种国事与外事活动的场合中，以饱满的热情写下了大量的有关妇女儿童事业方面的文章。

爱泼斯坦在撰写《二十世纪的伟大女性—宋庆龄》一书时，曾就此作了一个统计："1976年'文化大革命'结束时，宋庆龄已84岁高龄。在她的生命的最后五年里，尽管年事已高、体弱多病，她却非常忙碌，而且做了许多事情。《宋庆龄

年谱》中，1976年和1977年各有1页，但从1978年到1980年，每年都有6～8页。1981年5月她就去世了，但这5个月中的记录也有5页。”

于是，年逾五十的警卫秘书杜述周也更忙了，他几乎每次都陪护着宋庆龄出席各种接待活动，精心地安排着老太太的衣食住行，确保已需有人搀扶的宋庆龄安全地完成任务。

宋庆龄已把他看做自己最信赖的人之一。

1979年秋天，宋庆龄在北京家中与全体工作人员合影时，她把杜述周与张钰安排在自己左右手入座；1981年5月29日，宋庆龄最后一次在公开场合参加加拿大维多利亚大学授予的荣誉法学博士学位活动时，杜述周就紧站在宋庆龄的身后，随时准备着护救病危中的宋庆龄。更使杜述周高兴的是，1980年元旦，在新年茶话会上，当邓小平与宋庆龄、罗叔章坐在一桌上亲切交谈时，他就站在邓小平与宋庆龄的后面正中间。当时，杜述周穿着一身风纪扣紧锁的中山装，戴着那副戴了几十年的黑边框近视眼镜，甚至还反背着双手站在那里一个劲地笑着，谁看了这张照片都会被照片中那种欢快的气氛所感染。

这是邓小平自复出后与宋庆龄的第二次见面了。1977年夏末，幽静的后海北河沿46号，长廊和南湖、石榴树和七里香交相辉映，芬芳四溢。宋庆龄家小客厅里，不时传来阵阵欢声笑语，第三次复出的邓小平与他的夫人卓琳专程前来拜访宋庆龄。

靳山旺同志：

信和书先后收到。致谢。

从信中得知一些你的近况。盼在新的工作岗位上一切顺利，为厂为国家作出贡献。

节日较忙，不多写了。

祝

节日快乐！

林泰

一九七九年九月廿九日

1979年9月29日，宋庆龄致靳山旺的亲笔复信

历尽磨难的邓小平明显消瘦了，但看上去面容刚毅。在交谈中，邓小平向德高望重的宋庆龄畅谈了他的改革蓝图，特别谈到现在已经进入新的历史时期，要把台湾回归祖国、完成祖国统一大业的工作摆到重要的议事日程上来。宋庆龄对此极为赞同，他们两人都认为：宋庆龄的特殊身份和巨大影响，在祖国统一问题上将起着其他任何人都无可替代的作用。他俩相约为此而奉献余生。

这以后，邓小平提出了“一国两制”的伟大设想和通过了第三次国共合作实现中国统一的新政策；宋庆龄则充分利用自己在台湾、香港及美国的各种关系，不遗余力地为促进国共第三次合作而奔走呼吁。

这时候，靳山旺已结束了在江西省进贤县“五七”干校的劳动，回到陕西任西安新华印刷厂党委副书记与副厂长，并正利用手中的“职权”，一次次地把厂里刚印成的各类政治书籍往北京后海北河沿46号里寄，送给宋庆龄参考阅读。

宋庆龄与她的卫士长始终保持着书信的联系。

1979年9月里的一天，正是西安临潼石榴收获的季节，这一天，靳山旺终于能公费出差北京了。接到中央办公厅通知时，第一个跳入他脑海的念头，那就是可以趁机探望敬爱的宋庆龄了。那时候，虽说靳山旺担任着一家工厂的副职，但由于政策迟迟没落实，他依然每月只有120多元的工资，因

家中要供三个孩子求学读书，还要赡养没有分文收入的父母亲的生活，所以，经济上总是那么的拮据，以致他一直想去北京看望老太太的想法成为泡影。现在好了，中央办公厅终于来信了，催他赴京参加贯彻党的十一届三中全会的精神的会议，久藏在靳山旺心底的愿望可以实现了。

靳山旺来到北京，下了火车第一件事，就是提着装有不少临潼石榴与新书的提包，不顾火车上没好好休息带来的疲劳，直奔向后海北河沿46号。

令靳山旺感到高兴的是，四年多不见，宋庆龄却不像1975年见到她时那么憔悴，而且思维与谈吐举止也比那时敏捷得多，想必是她获得政治上的解放后，身心宽松了的缘故。一见到久别重逢的靳山旺，她连忙放下手中的笔，站了起来。

“大炮，这次请侬来京开什么会呀？”宋庆龄让顾金凤给靳山旺端上了一杯来自江南的碧螺春绿茶后，笑吟吟地问道。

“开会。贯彻落实党的十一届三中全会精神，实行机构改革。”这时，靳山旺还不知道这次把他召去北京开会的真正用意。后来他才明白，原来，贯彻落实十一届三中全会仅是一个方面的内容，而传达中共中央办公厅有关揭批“两个凡是”才是主要内容。

“我真眼热（羡慕）侬，大炮。”在听到靳山旺来北京开会的事后，宋庆龄不由触景生情，感叹道，“侬十八九岁就入了党，可我八九十岁了，还在党的大门外，一些党内的重大活动与机密，都不能及时了解，心里总有点那个。”

“话可不能这么说，宋副委员长。这可是周总理、刘少奇他们当年的远见，是中国革命的需要。”这几年，靳山旺学习了一些有关宋庆龄的文章讲话后，思想认识更深刻了，“我看过侬好多著作，侬总是在关键的时刻，引导我们沿着正确的方向前进。其实，侬在思想上早就入了党。我在这里再次向侬表个态，我一定不辜负侬长期以来对我的谆谆教诲，不管到了哪里，我都会沿着侬当年给我指引的方向，为党为国家作出贡献，不给侬丢脸。”

“谢谢侬，谢谢侬。大炮。”宋庆龄脸上浮现出了欣慰的笑容，连声致谢，还表扬靳山旺变得“会说话了”，“觉悟也提高了”。

他俩正谈得高兴，钟兴宝端着饭菜走进了书房，一老一少再次像1975年那样促膝相对，共进午餐。与上次不同的是，这次宋庆龄因为身体的原因没有喝酒，而是非要给靳山旺倒了一杯葡萄酒。

席间，他俩继续边吃边谈。

这时，宋庆龄见只有他们两人，所以，再次向靳山旺吐出了她心中的话。

“大炮，这一阵来，我感到有点苦闷，心里有种孤独感。”

靳山旺一怔，心想：这几年来，老太太的身心都获得了解放，国事活动相当频繁，她何来这种感觉呢？他不由得停止了进食，静静地聆听老太太的下文。

“一是我的身体健康每况愈下，越来越虚弱。侬勿晓得我

现在身体里有多少种毛病，它们纠缠得我吃不好，睡不香，这边痛，那边酸，我真担心哪一天我会倒下去后再也爬不起来呢。”

“看侬，又要瞎想了。侬勿会的，勿会的，侬至少要活一百岁。”

宋庆龄听了，凄然一笑，接着压低声音说道：“二是身边的人员跟我的话语明显少了，是认为我身体不行了呢？还是我哪里做得不对了？我想不明白；三是年纪太老了，行动不方便，一天不如一天了，连到院子里走走、看看我的鸽子也办不到。”说到这里，宋庆龄蓄在眼眶里的泪水，终于情不自禁地流了下来。

靳山旺见老太太掉泪了，不由慌了手脚，连忙安慰说道：“主席侬又要瞎想了。老话说，有种事情是不能瞎想的，越想越像。再说，侬也勿要急，以后有时间，我会经常来看侬、和侬一起说说话的。”

“经常来是不可能的，侬处得那么远，不会方便经常来看我的。”

宋庆龄掏出一方她亲手绣着几朵白玉兰的真丝手帕，一边轻轻拭着眼泪，一边实话实说。

有关宋庆龄心中的这种孤独感，事后靳山旺才知道，她原来是和当时她最喜爱的、从小到大一直在她身边成长起来的隋永洁去纽约求学、隋永清结婚成家大有关系的。人老了，都到了近九十岁的年纪了，这种想法情有可原。

2004年2月，靳山旺与隋永清合影于北京宋庆龄故居

为不影响宋庆龄下午的休息，靳山旺吃完中饭就起身告辞了，宋庆龄非要站起来送他，拉着他的手，从卧室一直送到楼梯口，靳山旺生怕她摔倒，执意要扶她回卧室，但犟不过宋庆龄。

“大炮，侬有辰光就来看看我，如果没辰光就勿要来了。”老太太站在那里絮絮叨叨地说着，这时候，靳山旺分明看见老太太哭了，泪水顺着她浮肿的面庞无声地流淌着。

这时，靳山旺心里泛起一阵酸楚，离别的惆怅使他有种欲哭无泪的感觉。他生怕让宋庆龄看见了更伤感，所以急忙转过脸，松开手，走下楼梯。

都转弯走到楼下了，回头望去，宋庆龄还站在楼梯口，朝着他频频挥手呢，那手中的白手绢，挥动得像面迎风飘扬的旗帜；而她那臃肿的身躯，却似一座巍峨的大山，让靳山旺一看见心里就有种踏实感。

靳山旺的泪水终于不可阻挡地流了下来。

但他怎么会知道，他与宋庆龄的这次会见，竟会是他与老太太的最后一面、会是他们今生今世的永诀呢？

第十一章　生死诀别

2004年4月10日，北京后海北河沿举行了宋庆龄最后一任警卫秘书杜述周的追思会，在会上，展出了杜述周捐献出的700多件孙中山、宋庆龄的文物，其中大到一顶孙中山先生1924年冬为国事北上时在天津购买的盛锡福出品的皮帽子，小到宋庆龄平时委托他采购物品的便条与布片样式，还有他晚年手书的10万字的《宋庆龄大事记》。之前几年中，杜述周已先后两批向北京宋庆龄研究会捐献了400多件宋庆龄与孙中山的遗物。2004年2月28日，杜述周因病与世长辞，享年七十七岁。在他担任宋庆龄警卫秘书的十三年间，他精心收集与珍藏的这批珍贵文物，对后人研究宋庆龄有着一定的意义。

这其中就包括宋庆龄生前亲笔写给他的两封信。

其一是关于退还1975年1月18日中央负责同志批示给宋庆龄的3万元生活补助的亲笔信：

杜同志：

你的信已收到了，请代向中央负责同志谢谢

他们的好意。

但我是绝不接受的,我的工资579元已超过别人的工资多倍了,从文化大革命时起我就有些感觉,因此退还些了。

这次有几个人需要帮助付医院的账,因此超过了我的预算,否则是完全够用的,请不要代收补助费了。

谢谢。

宋

1975.1.19

当时,宋庆龄正回上海准备过春节,上级考虑到宋庆龄并不宽裕的经济,准备向宋庆龄拨款3万元。时在北京的杜述周知道后,立即写信把这事向宋庆龄作了汇报,但是,宋庆龄很快回信并拒绝了这笔钱。

其二是1981年3月,跟随了宋庆龄五十三年的李燕娥的骨灰盒运往上海下葬之前。

当时悲痛万分的宋庆龄支撑着病体,亲笔给已在楼下等候发车命令的警卫秘书杜述周,写下了她对李燕娥后事安排的指示:“我一直答应让李姐的骨灰埋葬在我父母的坟头,要立她的碑。我以后也要埋在那里。”在最后两句话的下面,宋庆龄还专门画上横线以示强调。

尽管事先她曾早就不止一次地把自己的这个决定分别对

沈粹缜、钟兴宝与顾金凤说过，并且写在了遗嘱上。

1981年5月29日晚20时18分，一颗伟大的心脏停止了跳动——二十世纪的伟大女性宋庆龄与世长辞，终年九十岁。

始终通过报纸电台密切而又紧张地收集着宋庆龄病情消息的靳山旺看到这个消息时，当即忍不住心中的悲痛，伏案呜咽了起来。这个以刚强著称的陕北汉子，流下了伤心的眼泪。

第二天，他就收到了从北京拍来的加急电报：宋庆龄治丧委员会请他立即前往北京，参加宋庆龄的善后工作。

靳山旺昼夜兼程，赶往北京，直奔后海北河沿46号。

此时，后海北河沿46号里一片混乱：整个楼下都住满了人，钟兴宝与顾金凤已搬到了楼下，与沈粹缜妈妈住在一起。靳山旺环视着这物是人非的故居，不禁又悲从中来，泪眼婆娑。

6月2日上午9时整，在人民大会堂的吊唁厅里，靳山旺凭着治丧委员会发放的吊唁证，从人民大会堂北门进入吊唁厅（北门为中央首长的出入口）。

他向慈母一般敬爱的宋庆龄深深地三鞠躬，向她作最后的诀别。当他抬起头来时，已是泪流满面。

静卧在鲜花翠柏中、身上覆盖着鲜红的中国共产党党旗的国家名誉主席宋庆龄，终于在她生命的最后一息，实现了她的毕生追求与夙愿，含笑于九泉之下。

靳山旺 同志

宋庆龄同志治丧委员会

靳山旺参加宋庆龄同志治丧委员会证书

定于五月三十一日至六月二日，在人民大会堂为中华人民共和国名誉主席宋庆龄同志举行吊唁，瞻仰遗容。请于六月二日上午九时至十时半前往参加。

宋庆龄同志治丧委员会

一九八一年五月二十九日

（进人民大会堂北门）

此证是参加第一天吊唁的车证，
在大会堂北门下车东门上车

宋庆龄同志治丧委员会发给靳山旺的通知书

2004年5月，靳山旺留影于北京宋庆龄故居花园中

1987年，瘫痪在病榻上整整二十年的隋学芳与世长辞，享年六十四岁。令他九泉下仍能感到欣慰的是，宋庆龄在她晚年的最后几年里，仍记挂着他，把他的病情告诉一些朋友；她人生中最后写给沈粹缜大姐的那封信中（1981年3月8日），还提到了隋学芳，告诉她隋永清从厦门归来后去上海看望她的父亲的事。

1981年，靳山旺获得平反后，任陕西省某饭店党委书记、总经理。1983年至1989年任陕西省人民政府机关事务管理局党组书记、局长。1989年至1993年任陕西省人民防空办公室党委书记副主任，并多次被评为优秀共产党员和先进工作者。1994年离休，从事社会活动，任陕西省文化交流协会副会长、陕西省企业信用协会名誉会长。直到如今，他还以充沛的精力参加各种社会活动，他的大嗓门的分贝丝毫没有减弱，仍不时出现在家乡的医院、学校和乡村，为党和人民贡献着余热。

2004年2月28日，杜述周因病在北京逝世。弥留之际，鼻子上插着氧气管的他还一字一顿地嘱咐家人，一定要把他几十年收集珍藏的宋庆龄与孙中山的文物无偿地捐献给宋庆龄研究会。可以使他瞑目的是，他这一遗愿实现了。2004年9月22日上午，笔者在专程前往他家对杜师母进行采访时，看见在杜家客厅的茶几上、墙壁上乃至桌子上的玻璃台板下，都供放着宋庆龄与他人合影的照片。可见，宋庆龄的魅力不但影响了他，还将影响他家的几代人。

记得有位诗人曾留下过这样著名的诗句：

有的人活着，但已死了；有的人死了，但他还活着。

这首诗充满着哲理。

事实确也如此。

现在，笔者想蘸着自己纯真的感情，以历史为纸、取公正为笔，写一首诗，作为本文的结尾：

得知您独自远行的时候
偏偏是在国际儿童节来临的前夜
而且什么也没带
只留下了满园桃李
与一庭忠诚的芬芳
莫非这是上苍的有意安排
想让您永远如童贞一样纯洁与年轻
难道这是您的精心选择
好在离去的那天见到更多您的心仪

是的
您用您对共和国的赤子之心
教会了无数人的忠诚
您还用您对芸芸众生的热爱
以致无数人至今还在把你追寻

2004年2月，北京宋庆龄故居办公室副主任何大章探望病危中的杜述周

同时也让那些疚悔与羞愧
渺小到连自己也感到汗颜

在妖魔鬼怪面前
您是女神
在平民百姓眼中
您是人
的确
一个卫士就是一个您的侧身
一个保姆就是一个您的剪影

生命纵然短暂
但凡人的目光会把您的生命延伸
岁月固然无情
但历史的公正会还您一座丰碑
从此
您将与时代凝固在一起
永远镌刻在亿万人的心中
融化进人类长河的年轮

图书在版编目（CIP）数据

宋庆龄与她的卫士长 / 汤雄著. —北京：群众出版社，2005.7

ISBN 7-5014-3480-8

Ⅰ. 宋…　Ⅱ. 汤…　Ⅲ. 纪实文学—中国—当代
Ⅳ. I25

中国版本图书馆 CIP 数据核字（2005）第 069130 号

宋庆龄与她的卫士长

著　　者：汤　雄
责任编辑：王志祯　姜海波
封面设计：王　芳
责任印制：连　生

出版发行：群众出版社　电话：（010）67633344 转
地　　址：北京市丰台区方庄芳星园三区 15 号楼
邮　　编：100078
网　　址：www. qzcbs. com
信　　箱：qzs@ qzcbs. com
印　　刷：北京通天印刷有限责任公司
经　　销：新华书店

开　　本：787 × 1092 毫米　16 开本
字　　数：135 千字
印　　张：18.25
版　　次：2006 年 1 月第 1 版　2006 年 1 月第 1 次印刷
书　　号：ISBN 7-5014-3480-8/I · 1480
印　　数：0001—10000 册
定　　价：33.00 元